新农村建设丛书 > 生产发展 / 生活富裕 / 乡风文明 / 村容整洁 / 管理民主

新农村特色乡村旅游

XIN NONG CUN TE SE XIANG CUN LU YOU ZHI SHI WEN DA

知识问答

窦婷婷 编著

河北出版传媒集团
河北科学技术出版社

图书在版编目（CIP）数据

新农村特色乡村旅游知识问答 / 窦婷婷编著 . -- 石家庄：河北科学技术出版社，2017.4

ISBN 978-7-5375-8289-6

Ⅰ．①新…　Ⅱ．①窦…　Ⅲ．①乡村旅游－中国－问题解答　Ⅳ．① F592.3-44

中国版本图书馆 CIP 数据核字 (2017) 第 030938 号

新农村特色乡村旅游知识问答

窦婷婷　编著

出版发行： 河北出版传媒集团　河北科学技术出版社

地　　址： 石家庄市友谊北大街 330 号（邮编：050061）

印　　刷： 山东泰安新华印务有限责任公司

开　　本： 710mm×1000mm　1/16

印　　张： 10

字　　数： 128 千字

版　　次： 2017 年 7 月第 1 版

印　　次： 2017 年 7 月第 1 次印刷

定　　价： 32.00 元

如发现印、装质量问题，影响阅读，请与印刷厂联系调换。

厂址：泰安市泰山区灵山大街东首 39 号　电话：（0538）6119302　邮编：271099

前言 /Catalogue

近年来，随着社会主义新农村建设的推进和农业结构的调整，乡村旅游作为一种新兴的农村旅游产业形式，已经风靡全国各地。乡村旅游的兴旺发达对于发展我国旅游事业，促使农民脱贫致富，为当地经济发展做出的贡献是有目共睹的。那么乡村旅游到底是怎么回事？怎样确定我们村能开发乡村旅游？我们应该怎样规划乡村旅游？怎样经营管理乡村旅游？今后乡村旅游如何发展？等等，这些都是广大农民朋友开发和经营乡村旅游最需要掌握和了解的。

为此我们编写了这本小册子，来回答您的这些问题，为您开发和经营乡村旅游提供指导性意见。本书的突出特点是内容充实，观点新颖，举例生动，切合实际，具有较强的理论性、操作性、实用性和可读性，是一本开发和经营乡村旅游必备的工具书。

我们建议农民朋友在阅读的时候，一边看一边也在心中想出自己的答案，从各种角度思考、审视，结合自己的经验和知识来琢磨和体会。我们衷心地希望此书能为农民朋友们提供一些帮助，让乡村旅游成为咱们农民的聚宝盆。

由于时间仓促，作者水平有限，文中若有不足之处，热烈欢迎广大读者提出宝贵意见。

窦婷婷

2015 年 10 月

目 录/Catalogue

八、特色乡村旅游的品牌建设……76

十一、乡村旅游的可持续发展…………………… 109

一、特色乡村旅游与新农村建设

◆ 为什么我国要提出新农村建设?

（1）中国是世界农业大国，在现阶段，农村人口多，农业基础薄弱，农村经济与社会事业发展缓慢。解决农业、农村、农民问题，一直是中国发展和建设的首要问题。这一基本国情，决定了全面建设小康社会的重点和难点在农村。因此，如何统筹城乡经济社会发展，解决城乡二元结构，扭转城乡发展失衡的局面，解决“三农”问题，已成为当前全面建设小康社会、构建和谐社会的重要战略任务。

（2）国际城乡发展的经验证明，工业和农业、城市与乡村，是相互联系、相互依赖、相互促进的，在工业化的不同阶段，工农之间、城乡之间的互动关系是不同的。纵观一些工业化国家的发展历程，在工业化初始阶段，农业支持工业，为工业提供积累是带有普遍性的趋向；但在工业化达到相当程度以后，工业反哺农业、城市支持农村，实现工业和农业、城市与农村协调发展，也是带有普遍性的趋向。

（3）城乡收入差距加大，已经影响社会和谐与发展。据有关统计资料显示，城镇居民统计的可支配收入中还没有涵盖市民所享有的各种补贴，比如城镇居民很多享受公费医疗、城镇中小学能够获得国家大量财政补贴，城镇居民还享受养老金保障、失业保险、最低生活救济等，而农村农民却没有这种待遇或者很少。如果把医疗、教育、失业保障等非货币因素考虑进去，中国的城乡收入差距更大。因此，缩小城乡差距，解决“三农”问题，已经成为影响到社会稳定和国家可持续发展的关键因素。

◆ 新农村建设的基本思路是什么？

坚持“多予、少取、放活”和“工业反哺农业、城市支持农村”的方针，努力改善农村生产生活条件，提高农民生活质量，促使农村整体面貌出现较大改观，逐步把农村建设成为“生产发展、生活宽裕、乡风文明、村容整洁、管理民主”的社会主义新农村。

“多予、少取、放活”的方针，是新阶段“三农”工作的指导方针。“多予”，就是要增加对农业和农村的投入，加快农业和农村基础设施建设，直接增加农民收入。“少取”，就是要切实减轻农民负担，推进农村税费改革，让农民休养生息。“放活”，就是要深化农村改革，认真落实党在农村的各项政策，放活农村经营，把农民群众的积极性和创造性充分发挥出来。

◆ 乡村旅游对新农村建设有什么作用？

（1）发展乡村旅游，可以充分开发利用农村旅游资源，调整和优化农业结构，拓宽农业功能，延长农业产业链，发展农村旅游服务业，促进农民转移就业，增加农民收入，为新农村建设创造较好的经济基础。

（2）发展乡村旅游，可以使农村自然资源、人文资源，如山地、山林、房屋、果园、池塘等资源，因旅游开发，增加价值。同时，也使农村生产的农副产品就地消费，降低了运输成本，提高了市场价格和增加了农民收入。

（3）发展乡村旅游，可以促进城乡统筹，增加城乡之间互动。城里游客把现代化城市的政治、经济、文化、意识等信息辐射到农村，使农民不用外出就能感受现代化意识观念和生活习俗，从而提高农民素质。

（4）发展乡村旅游，可以挖掘、保护和传承农村文化。以农村文化为吸引物,发展农村文化旅游,将农村文化传承下来,并且进一步发展和提高。同时,通过旅游可以吸收现代文化,形成新的文明乡风。

（5）发展乡村旅游,可以保护乡村生态环境。乡村旅游是一种城市人回归自然、贴近自然的生态旅游。为了吸引游客,必须保护自然资源和生态环境,改善乡村环境卫生条件,为游客创造一个优美的生态环境。

◆ 乡村旅游是怎么回事?

乡村旅游是指在乡村范围内，利用农村自然环境、田园景观、农林牧渔生产、民俗风情、农村文化、农家生活、村落古镇等旅游资源，通过科学规划和开发设计，为游客提供观光、休闲、度假、体验、娱乐、健身等多项需求的旅游经营活动。乡村旅游既包括乡村农业旅游、森林旅游、渔业旅游、牧业旅游，又包括乡村民俗旅游、文化旅游、休闲度假旅游、农家乐旅游，还包括乡村自然生态旅游、体育运动健身旅游、回归自然养生旅游。乡村旅游是一种区域性的综合性旅游，带有很强的地方性和乡土性，也有丰富的文化内涵。

◆ 为什么要开发特色乡村旅游?

现代旅游开发,往往仅仅注重名山大川与现代人工景观的营造,而忽略了我们身边的乡村景观。乡村景观的开发在投资、管理、吸引力方面丝毫不逊于前者。乡村景观的原始、淳朴性可满足现代人追求“自然”原貌的需求,所以在投资上较前者较少。乡村景观类型的多样化、风貌的原生性、气息的淳朴性、饮食的生态性可满足现代人“回归自然”的多种需求。

根据现代旅游的发展并结合中国特色,乡村旅游是继都市旅游、城郊旅游（实际也是乡村旅游过渡形式）后的最后一块待开发的宝地。随着现代化进程的加快,传统乡村正逐渐淹没于城市化浪潮之中。现代化铁路、公路的延伸使农民在走向“外面”的同时,也使乡村景观日趋退色,走进了历史与记忆深处。所以,抢救、保护典型性乡村是现代人所面临的又一项紧迫任务。

◆ 乡村旅游有什么特点?

(1)乡村旅游发生在乡村地区,以乡村自然资源、农业资源、人文资源、民俗文化资源为旅游吸引物,乡村特色和乡土风情是乡村旅游的突出特点。

(2)乡村旅游的目标市场是城市，乡村旅游的消费游客大多来自经济发达的大中城市。城市是乡村的客源地,面向城市市场,为城市游客服务,是乡村旅游的主要任务。

(3)乡村旅游具有强烈的休闲性。到乡村旅游大多是利用双休日和节假日，是城市居民周期性调节生活方式的重要选择之一，是一种以休闲为目的的短途旅游。

(4)乡村旅游的形式是自由性的。乡村旅游者主要采取自我服务的组织形式，以单位、家庭和亲朋好友为主要团体形式，自己选定旅游地点和旅游路线，旅游的活动安排比较宽松。

(5)乡村旅游具有参与性。乡村旅游除了观光欣赏以外，还要为游客提供实践和参与的机会，增加游客对农村的认识和农村生活、农业生产的体验。

(6)乡村旅游具有时空性。乡村旅游出游时间多为春、秋两季，由于有宜人的气候条件，是出游的旺季，而夏季和冬季，由于气温高低变化，是出游的淡季。在区域上，南方一年四季气候适宜，乡村旅游均旺；北方由于冬季寒冷，适宜开展冬季性旅游和民俗旅游。

（7）乡村旅游更贴近自然。乡村自然环境优美，山好、水好、空气好，是城里人回归自然、感悟自然 、融合自然的好去处。

◆ 目前发展乡村旅游有什么有利条件？

党中央、国务院发出建设社会主义新农村的号召，这是全面建设小康社会、开创中国特色社会主义事业新局面的战略举措，是发展农村生产力、惠及最广大农民群众的民心工程。旅游业区别于其他行业的一个重要特点在于：旅游业具有很强的综合性、依托性和包容性。

国家旅游局围绕主旋律，抓住新机遇，审时度势，科学决策，将2006年全国旅游主题确定为“中国乡村游”，将2007年全国旅游主题确定为“中国和谐城乡游”。这是我国旅游业进入战略提升期采取的重大举措，它标示着旅游业更加适应人们生活质量不断提升的需要，更加适应旅游业科学、协调、成熟发展的需要，更加适应服务党政工作大局的需要。

2007年3月20日，国家旅游局与农业部在京签署了关于促进社会主义新农村建设与乡村旅游发展合作协议。双方决定，成立全国乡村旅游工作领导小组与工作机构，共同承担乡村旅游发展的调查研究、组织推动、工作指导、服务协调、政策研究、规范管理、典型推广等工作。近期将重点在发展现代农业“一村一品”、改善农村基础设施、营造乡村旅游发展环境等方面开展合作。期望通过5年的努力，使我国乡村旅游的辐射范围进一步扩大、旅游项目进一步拓展、基础设施进一步完善、整体水平进一步提高，实现乡村旅游与新农村建设相互促进、共同发展。

二、我国乡村旅游的发展概况

◆ 我国乡村旅游发展状况如何？

乡村旅游在我国的发展已有一段时间，但和国外相比，从产品体系到市场发育状况，都还处在初级阶段。从国内来看，由于经济发展水平存在着东西差异，乡村旅游在各地的发展水平也各不相同。

◆ 发达城市周边的乡村旅游发展的怎么样？

经济发达城市周边乡村旅游产生的原因主要有两个方面：①农村产业结构调整的动力；②城市居民融入自然的休闲需要。

由于区域经济发展速度较快，在城镇经济快速增长的驱动下，农村经济得到了全面提升和加强，粗放式的农村经济向集约化、高附加值的新型农业形态转变，乡村旅游是其中的一个方向。

当然，由于城市经济发展速度加快，城市居民在高强度工作的压迫下急切希望能够有时间、有地点歇息一会儿，“双休日”、“黄金周”为人们提供了时间，乡村为人们提供了最近的绿野，这样，在经济发达的城市周边，乡村旅游如火如荼地发展起来。城市游客是乡村旅游的主要客源，但少量的“长线”游客也会光顾这一类的乡村旅游地。有较强的经济基础和产业背景作为后盾，这些地方的乡村旅游起点相对较高，规模也相对较大，类型也较为丰富。我国台湾、北京、广州的乡村旅游发展就属于这一类型。

◆ 经济落后城市周边的乡村旅游发展的怎么样?

与经济发达城市周边的乡村旅游地相比，经济落后城市周边的乡村旅游发展呈现出一些异同。和前者一样，在经济落后城市中，一些相对“富裕”的城镇附近，仍然会出现以餐饮、观光休闲为主要功能的“农家乐”和“乡村度假村”。它们的存在、数量、规模和档次主要取决于该城镇的非农业人口数量收入水平。这些乡村旅游场所主要以满足城镇居民休闲的需求为主。

与前者不同，在经济落后城市还有另一种乡村旅游的开发方式：经济落后交通不便，使这些乡村具有了资源开发的后发优势；这些乡村往往以入境游客（国际、国内游客）为主要客源市场，旅游的开发主题也往往是外来的企业集团，这样的乡村旅游地开发往往采取一般景区的开发和运作模式。

◆ 一般城市周边的乡村旅游怎么样?

经济水平介于“经济发达城市”和“经济落后城市”之间的城市周边乡村旅游地，其乡村旅游的发展水平、产品类型也介于两者之间。

◆ 目前我国乡村旅游盲目开发的问题是如何产生的?

目前我国乡村旅游缺乏统一规划，盲目开发建设。我国的乡村旅游一般是由当地农民自发而非自觉地发展起来的。由于缺乏统一协调观念和市场意识，未对乡村旅游资源和客源市场进行必要的调查和论证，造成盲目开发、重复建设以及经营模式雷同等后果，往往引起同质和削价竞争而经营效益低下。

◆ 我国乡村旅游产品结构单一的表现有哪些?

当前我国乡村旅游的开发形式多以农业观光和“农家乐”休闲为主，旅游形式较单一，游客参与和体验性项目较少。

此外，未能对旅游吸引要素的文化资源进行多方位和深度化开发，产品项目设计多停留在低水平的观光和休闲层次上，缺乏丰富的文化内涵和较高的文化品位，使游客对乡村旅游的文化体验和感受不深。

还有就是许多开发者缺乏立足本乡本土的开发理念，喜欢采取“拿来主义”，生搬硬套地“移植”许多大众化的旅游项目（如建设高档洋楼别墅、购置豪华娱乐设施等），与乡村自身的自然景观和文化意境格格不入，“乡土性”和“乡野味”逐渐丧失，影响了其吸引力。

◆ 为什么说我国乡村旅游的经济效益不高？

由于我国大多数乡村地区社会经济相对较落后，乡村旅游产业的初级化特征明显。对应于旅游活动“吃、住、行、游、购、娱”各环节的行业尚未全面充分发展，使乡村旅游的产业一体化程度不够。由于某些配套的产业环节功能弱化或缺乏，导致乡村旅游各产业难以协调发展，旅游经济效益不高。

◆ 我国乡村旅游观念意识落后的表现有哪些？

尽管村民热情好客，但从总体上看，乡村旅游的从业人员文化素质不高，缺乏对科学发展观和旅游业的深刻理解，对旅游资源开发效益的长久性、增长性认识不足，在开发建设方面往往急功近利，造成经营粗放的情况。有的经营户因过分注重经济收入而忽视对游客的服务态度，降低了游客的满意度，形成了“管理乱—服务差—收入低—规模小”的恶性循环，影响了乡村旅游的健康发展。

◆ 为什么说我国乡村旅游销售缺乏体系？

由于经营户的产品营销意识不强，销售方式多为传统的被动方式，缺乏宣传手段和创新意识；加之经营规模小而分散，与旅行社等服务机构联系不密切，没有形成较完整的宣传营销网络体系，导致其资源和产品的知名度难以扩展，品牌效应难以形成。

◆ 发展乡村旅游的资金问题如何解决？

乡村旅游本身缺乏发展旅游的资金来源，投资主体单一，而在资金到位后的开发过程中还存在着规划不科学、利益分配不合理的现象。因此，对于那些资源条件好、级别高的乡村旅游项目要充分发挥政府的主导作用，走股份制或股份合作制的道路；鼓励国企、私有经济单独或合作开发，也鼓励农民个人或联合开发。总之，要多渠道、多层次、多种形式筹集资金。

◆ 发展乡村旅游为什么要合理开发资源并协调好原住民的利益分配?

对旅游资源有计划、有步骤地合理开发利用，协调好政府、投资人、原住民三者之间的利益分配，关系到旅游项目的经营效益和长远发展。在我国乡村旅游实际开发中，这两个问题也是普遍存在的。因此，要防止各部门、各级政府一哄而上开发乡村旅游，只讲规模，不求质量，片面追求利润，忽视原住民权利和游客满意度的行为。这样不仅破坏了潜在的市场需求，而且使乡村旅游处于低质量、低收入的恶性循环经营状态中。与缺乏资金相比，浪费资金又破坏了资源更是要坚决杜绝的。

◆ 乡村旅游的基础设施问题有哪些?

乡村旅游的基础设施问题突出表现在与乡村旅游发展息息相关的交通、电力、通讯、医疗卫生等方面建设水平的落后，导致许多问题的出现。比如游客苦于交通上的不便放弃出游；清新秀丽的乡野风光和恶劣的住宿条件带给游客心理上的巨大反差；不卫生的饮食造成了疾病却没有配套的医疗救治……可见，一个乡村社区本身的自然条件再优越、民俗文化再深邃，如果基础设施落后，发展乡村旅游也便成为空话。

◆ 我国乡村旅游存在哪些服务配套问题？

乡村中第三产业发展严重滞后，服务业不发达，服务人员总体素质较低。由于我国乡村教育事业落后，造成了乡村居民的文化水平及综合素质不高，而乡村旅游的服务主体是当地农民，并且旅游业是一个集合了购物、餐饮、娱乐为一体的对服务水平要求较高的行业，所以，如何在较短时间内提高乡村旅游的服务水平实为一个棘手的问题。

另外，在我国乡村旅游的管理层中也普遍存在着管理者素质不高、经营管理的科学水平低、管理不够规范、开发中缺乏环保意识、重设施建设轻环境营造等诸多问题。

◆ 我国乡村旅游的发展观念存在哪些问题？

部分乡村发展旅游的观念陈旧，各相关部门缺乏沟通。此外，一些拥有决策权的旅游业界的领导对乡村旅游也是默然处之，认为旅游只是风景名胜和文物古迹的专利，乡村没有什么可游的……这些严重缺乏开拓思想和创新意识的观念都极大地限制了我国乡村旅游的发展进程。

乡村旅游作为商品同样需要对外宣传促销，如何加大宣传和推销乡村旅游产品的力度并建设一个完善的乡村旅游信息网络，也是我国乡村旅游迫切需要解决的一个问题。

◆ 国民经济的稳步增长对发展乡村旅游有哪些好处？

我国经济发展的强劲势头，居民收入的持续增长已经成为不可逆转的发展趋势。在国内旅游的发展过程中，城镇居民在出游率、年度总花费、人均花费等指标一直远远大于农村居民，这说明城镇旅游者是我国国内游的主体，对以城镇居民为目标市场的乡村旅游而言，国民经济的稳步增长意味着有巨大的市场和潜能可供发掘。

◆ 全民业余时间越来越多会带来哪些好处?

伴随着我国社会生产力的发展，居民的业余时间将越来越多，我国将会进入一个普遍休闲的时代。休闲的意义一般指两个方面：一是消除体力的疲劳；二是获得精神上的慰藉。这样的时代来临意味着人们在旅游上不再仅仅满足于走马观花式的参观游览，而更强调旅游项目的参与性、放松性和享受性。旅游消费的一个重要变化就是从传统的观光旅游向观光休闲旅游乃至向单纯的度假旅游发展，这就意味着以观光休闲为主要旅游方式的乡村旅游有一个广阔的市场前景。

◆ “统筹城乡”的发展观是怎样促进乡村旅游发展的?

党的十六届三中全会提出要坚持以人为本，树立全面、协调、可持续的发展观，促进经济、社会和人的全面发展。这一新的科学发展观以人为中心，以实现人的全面发展和社会全面发展为目的。在这一新的发展观的指导下，提出了发展经济要坚持“五个统筹”的基本原则。

毫无疑问，这一科学的发展观和基本原则，也要指导我国旅游业的发展。其中“统筹城乡发展”的观点要求在继续注重开发各种传统旅游资源的同时，重视对以农业生产、农村风貌、农民生活为吸引物的农业旅游的开发；在满足城市居民旅游需求的同时，促进农村居民旅游活动的发展，使旅游业在解决“三农”问题中做出更大贡献，改变重城市、轻农村的做法。同时强调旅游业的均衡发展，强调综合效益、利益协调和可持续性，避免过去那种盲目开发的状况。

在这一发展思路的指导下，乡村旅游的深层次发展将成为未来旅游业促进农村、农业、农民发展的关键节点。

◆ 农业旅游示范点有哪些示范效应?

为实现我国乡村旅游的健康发展，充分展示各地农业旅游文化的魅力，增加农业的旅游附加值，农业旅游示范点的覆盖面正在加大。这充分表明了国家对农业旅游的重视。

农业示范点聚集的省份主要是辽宁省、山东省、江苏省和贵州省等，说明不同的地域，依据自身不同的农业特色，打造不同的农业旅游产品。

农业旅游示范点的发展速度很快，发挥了示范效应，推动了我国旅游业的发展，并且与我国新农村建设相结合促进了我国经济的发展。因此，我国农业旅游事业的开拓，不但为旅游业长远稳定发展奠定了基础，也为传统农业的现代化转型以及促进新农村建设创造了条件。

农业旅游示范点的颁布，为我国正处于发展中的农业旅游明确了发展的典型与示范，起到积极模范带头作用，将引领我国农业旅游朝着规范化、高品质化的方向发展；现代农业旅游将在我国乡村旅游业发展中起到主力军的作用，特别是在保护、开发利用和传承民族农业历史文化和自然文化等方面将发挥独特的作用，为我国旅游业发展注入新的文化内涵，提供新的动力源。

◆ 国内游、入境游的发展会给乡村旅游带来哪些好处？

完整的旅游业，包括国内旅游、入境旅游和出境旅游三个方面。

近年来，我国根据具体国情制订了“大力发展入境旅游，积极发展国内旅游，适度发展出境旅游”的旅游业发展方针，对旅游业的发展起到了积极的指导作用。随着国民收入的稳步增长，国家在资源配置和设施建设投资上，将会向国内旅游倾斜，向能同时满足国内、国际旅游者需求的旅游吸引物方面倾斜。

在入境游方面，根据对国外游客的调查，他们访华的主要目的依次为：体验高水平的传统文化和历史建筑、文物、博物馆、城墙等；体验普通老百姓，尤其是农村地区的普通百姓的生活；欣赏优美的自然风光。由此可见，

外国游客对中国的兴趣点主要集中在传统文化、农村百姓生活和自然风光，乡村旅游恰好可以提供这三个方面结合的平台，这也是近年来，阳朔、丽江等地乡村旅游蓬勃发展的原因之一。

在国内游方面，由于城市化步伐的加快，一方面加剧了城市的负担，城市环境质量进一步下降，生存压力进一步加大；另一方面，农村生活、自然风貌、良好的环境将成为稀缺资源，再加上人们休闲观念和方式的转变，这些都为乡村旅游的发展提供了可持续的前景。

◆ 未来我国乡村旅游发展趋势如何？

（1）乡村旅游越来越多样化，越来越注重特色。特色是旅游产品的生命力所在。没有特色的乡村旅游将因失去对游客的吸引力而被挤出竞争激烈的乡村旅游市场。

（2）统一品牌，统一经营销售。由于缺乏现代经营观念与品牌意识以及家庭小规模经营，我国的乡村旅游基本上没有统一的品牌，统一的经营销售也很少。在旅游市场竞争日趋激烈的今天，由当地政府出面组织统一的乡村旅游的品牌，进行联合经营销售将是乡村旅游发展的一大趋势。

（3）乡村旅游和生态旅游、文化旅游的结合。和谐的自然环境是乡村旅游得以开展的前提，而民俗文化、农耕文化和民居村落文化则是乡村旅游的核心精髓。乡村旅游与二者的结合代表了乡村旅游的未来发展方向。

（4）乡村旅游的经营、服务将进一步规范。由于低水平的乡村旅游经营服务阻碍了我国乡村旅游的健康发展，各地政府已认识到对乡村旅游经营者进行培训的重要性，并相应地出台了一些乡村旅游的服务规范，促使乡村旅游向着越来越规范的方向发展。

三、经营乡村旅游前的准备工作

◆ 经营乡村旅游有哪些优惠政策？

全国和地方的政策对旅游业的发展影响重大，旅游业的政策支持体系是否健全，涉及一个地区旅游业的发展进程。为促进地方旅游业的发展，地方政府都会出台一些措施来保护或规范地方旅游活动，刺激旅游业快速、规范、健康地发展。

政府对旅游投资往往采取优惠政策，一般包括两个方面：一是减轻资本成本的政策，包括向投资者提供正常贷款或低息贷款或者提供利率补贴、免除建筑物资的税收、以低于市价的价格出让土地等；二是减少运营成本的政策，包括向投资者提供逐年递减的补助款项、提供免税期（5 ~ 10年）、对材料和物资提供免税、实行人力资源培训方面的补助等。了解这些政策，可以降低乡村旅游的投资成本和运营成本，既可以降低风险又可以取得比较好的收益。

◆ 乡村旅游经营应办理哪些相关证照？

乡村旅游经营需要办理如下证照：①工商营业执照；②卫生许可证；③税务登记证；④排污许可证；⑤消防许可证；⑥文化经营许可证；⑦其他需要行政许可的证照。

◆ 办理乡村旅游经营工商营业执照需要什么证件？

凭卫生部门的卫生许可证，到工商部门（或是当地便民中心）办理营业执照，并提交以下材料：①卫生许可证复印件；②开办乡村旅游者的身份证复印件，照片3张；③经营场地证明（属公有产权的出具产权单位证明，私有房产出具私有产权证，出租的出具双方租赁协议书及出租产权证）；④个人合伙经营的，出具合伙协议书；⑤如果不是开店所在地户口的还要出具居住地的个人婚育证明及现暂住地的暂住证明；⑥有关技术行业证件，如餐饮业的厨师等级证等。

◆ 办理工商营业执照的过程是怎样的？

基本过程如下：①持以上有关证件到工商行政管理所的“个体工商执照办理办公室”领取“个体工商户申请开业登记表”； ②根据要求填写表格并交予相关工作人员；③工作人员确认材料齐全并开具受理通知书；④提交的证件齐全，手续完备，符合条件的，工商部门于7日内办理完营业执照（法定期限为30日）。

◆ 乡村旅游经营如何办理其他相关证照？

（1）到卫生部门办理卫生许可证。

（2）全体从业人员，统一到有关卫生部门接受体检，体检合格后由卫生部门统一发放从业人员健康证。

（3）有些地区的乡村旅游须到环保部门办理排污许可证，而多数地区的环保部门只要求一些大型的乡村旅游项目到环保部门办理排污许可证，以确保排污符合环保要求。

（4）如果乡村旅游营业项目中有住宿，则需要向公安部门出示乡村旅游的有关文件资料备案，由公安部门出具意见。

（5）向消防部门提出申请，由消防部门检查乡村旅游的硬件设施设备是否具备经营条件，消防安全是否合格，出具消防意见书。

（6）如果乡村旅游有卡拉OK厅、歌厅、演出、文化产品经营等项目，则需要到文化局主动申请，由文化局对其条件认定后，办理文化经营许可证。

（7）如果乡村旅游有户外体育活动项目，则需要请体育行政部门对其设施设备进行检查，确保设施设备合格，具备安全条件，且乡村旅游的教练及游泳池救护员等应具备相应资质，由体育部门签署意见，同意开展户外体育活动项目。

（8）如果需要举办旅游节庆主题活动，需要报工商、文化、宣传等部门进行审批，然后可通过媒体广泛宣传，吸引更多的游客。

◆ 经营乡村旅游前应考虑哪些因素？

（1）乡村旅游的经营定位。定位要从自身的环境条件出发，确立经营方向与模式，是农家乐类型，还是休闲娱乐型，是奇异风光人文型，还是民俗文化型等。

（2）乡村旅游的交通状况、淡旺季之分、气候条件影响、当地的特产、美味佳肴等。

（3）乡村旅游的客流量，即游客的来源情况。

（4）乡村旅游的服务功能，是单纯式的或是综合性的。

（5）乡村旅游的选址和费用预算应以经济效益为先，方便顾客，同时使服务人员在企业能获得生存，有利润，有发展，否则就不是合适的地点。

（6）乡村旅游的设计风格、服务方式和项目、厨师选择等，是否符合人们的需要和喜好，定价是否太高。

（7）服务项目的设计、服务项目的价格、经营方针以及管理细则、经营利润的分析和预测。

（8）未来策划，包括乡村旅游未来如何发展等。

要做好这些就要进行市场调研，通过本地区以至其他地区市场的分析，来掌握这一地区的经营情况和消费特点，以确定何种类型经营在该地区最为合适，从而分析出自己的优势。

◆ 经营乡村旅游应该进行哪些投资预算？

乡村旅游预算，就是对乡村旅游的投资和未来投产后的经营做出预测。经营乡村旅游的房屋建筑、基础设施整修、客房的装修、餐饮服务设施的购置、游客项目的设立等的投资，应在科学分析和可行性研究的基础上编制预算。它具体反映在何时何地投资兴建乡村旅游、每个项目投资多少、筹资的渠道、预测将来收益的多少、需要多少时间回收全部投资等。

◆ 经营乡村旅游资金从哪里来？

政府对乡村旅游的财政性投入，重点用于乡村旅游规划、人员培训、资源保护、招商引资、市场开发、宣传促销以及乡村旅游点的供水、供电、交通、环境保护等基础设施建设。同时，坚持招商引资与自筹资金相结合，根据本地实际情况，依托本土人力资源与自然资源引进适宜项目，避免大而全。

政府同样会为农民采集乡村旅游经营项目信息，引导农民因地制宜经营乡村旅游。坚持农民自办、家庭联办旅游项目为主，开展地方特色乡村旅游项目，要多方为社会资金开发乡村旅游大开方便之门。

◆ 资金短缺时应怎样筹集资金？

（1）联营集资，或叫投资联营。联营集资就是以一农户（一般是经营规模较大的）为主，采用联营的形式，吸收其他农户投资，或者若干农户联合出资建立新的经营项目。这种形式主要表现为“共同投资、共同经营、风险共担”。一般做法是各农户投入联营的财产、物资、技术计价入股，按股份的多少分享权利，分担义务，分得盈利。合资经营期间不得抽回投资或减少注册资金。如果发生资不抵债而终止，投资农户所需要承担的损失，以各自认交的投资额为限，不负连带责任。

（2）信用借款。信用借款是指农民向银行、信用社、农村合作基金会以及其他单位和个人取得的借入资金。不论哪种信用借款，农民都应该在充分运用自有资金的基础上，根据实际需要和偿还能力，有计划地申请信用借款，并严格按照协议，遵守信用，专款专用，按期还本付息。

（3）商业信用。商业信用是指为买卖商品而延期付款或者预收货款而形成的借贷关系。这是农民与其他单位和个人之间相互提供的信用，是农民利用延期付款方式购入所需物资或者预先收取货款延期交付产品，从而获得短期资金的一种方式。

（4）应付费用。应付费用是指农民或农民联营单位已经发生的应付而未付的各种费用。如应付税金、应付劳动报酬和其他应付未付的费用等。这是在经营过程中自然形成的资金来源，它随着销售的扩张而自动增加，也随着销售额减少而减少。

◆ 乡村旅游经营户应符合哪些要求？

（1）经营户必须证照齐全，亮照经营，明码标价，诚实守信。

（2）严格服从各级旅游行政管理部门和乡村旅游管理中心的管理。

◆ 小型的乡村旅游应具备哪些基本设施？

小型的乡村旅游主要由以下几部分组成：

（1）砖瓦结构的房屋，可供游客打牌、下棋、唱卡拉OK。

（2）硬化了地面的庭院，建有花园、有遮阳伞、挂有彩色条幅、摆有桌椅等，一般还有果树点缀其间，农家情趣浓郁。

（3）果园、桑园、林地可供观赏、采摘。

（4）水塘为游客提供钓鱼活动空间。

（5）厨房为旅客提供具有农家风味的饮食。

（6）卫生设施设有卫生间和水龙头等。

◆ 大型、集中适度的乡村旅游应具备哪些基本设施？

大型的、集中适度的、形成规模的乡村旅游，其设施设备比较复杂。现分述如下：

（1）交通工具。主要有索道、三轮车、自行车、人力车、竹筏、马、骆驼、牛车、雪橇、滑车及一些现代化的工具。

（2）游乐设施。游乐园、歌舞厅、果园、水库、马戏、杂技、斗兽园、音乐厅、电影厅、篝火晚会场地、灯会、游园会等。

（3）特色餐饮。民俗餐厅、民族菜肴、农家乡土菜、野炊、烛光晚餐、野外烧烤等。

（4）特色住宿。露营帐篷、林区、吊床、船舱等，农家、渔家、牧家住宿设施。

（5）集体消费项目。网球场、羽毛球场、保龄球馆、游泳池、雪地、草地、射箭、野战营、划船、骑马匹等。

此外，还要考虑乡村旅游的类型所必备的设施。如民俗民居型乡村旅游，必须拥有农家院落；自助农民型乡村旅游，必须有鱼塘、树林、菜园等农家资源；风景游览型乡村旅游，必须拥有旅游景点和田园自然风光；休闲娱乐型乡村旅游，必须拥有游乐场所和一定的游乐设施；生态园林型乡村旅游，必须拥有一片生态环境，花卉、盆景、苗圃生产基地；花果观赏型乡村旅游，必须拥有果园、花卉基地；花园客栈型，必须拥有园林式建筑等。

◆ 乡村旅游所在地应该具备哪些公共设施？

（1）公共厕所布局合理，数量能满足需要，厕所（水冲式）设计合理，风格与周边环境相协调。厕所内清洁卫生，防蚊蝇，无污物，无异味，粪便处理措施得当。

（2）有卫生院（所）或者医疗救护点。

（3）合理设置标识、标牌，规范使用公共信息图形符号。

（4）能接收手机信号。

◆ 如何为游客提供住宿？

（1）齐全的登记手续。登记住宿时，必须请游客出示护照、回乡证、居民身份证或其他有关证件。填好住房登记表，并告知离店日期。临时换人必须先到服务台办理手续。一般不允许增加人数（如 3 人住 2 人房）。退房时间一般都定在次日中午 12 点前，超时可适当加钱。亲友来访，不能过夜。多数乡村旅游住宿要把时间下限定在晚 11 点到 12 点间。

（2）优质的客房服务。虽说我们是乡村旅游，住宿的条件不是一流，但我们的客房服务一定要向城市里的大宾馆和酒店学习，以优质的服务让游客满意。

（3）极富特色的住宿。乡村旅游的住宿要彰显它的特色，给人以良好的第一印象，所以，从外观到内部装修都要尽量凸显当地特色和自己的风格。

◆ 为游客提供的住宿应该具备哪些条件？

（1）乡村旅游住宿接待应以农民家庭为单位，要接待客人的农家至少应有 2 间以上客房。

（2）乡村旅游住宿建筑应与周围环境相协调，建筑物修缮完好。

（3）庭院应干净整洁，无污水、污物，无乱建、乱堆、乱放现象，且绿化完好，植物与景观配置得当。

（4）家禽、家畜无疫情，并有圈养设施。

（5）有专门放置垃圾的设施并保持其封闭。

（6）室内通风良好，空气清新，无异味。

（7）室内应有防蟑螂、老鼠、蚊子、苍蝇等措施。

（8）住宿建筑应有防火措施。

（9）客房应有相应的防盗设施。

（10）客房内应配备床、桌、椅、床头柜等配套家具。客房灯光照明充足。

（11）客房内宜配有电视机。

（12）客房内应配有降温、取暖设备。

（13）每个农家应设有一定数量的卫生间，并保持卫生、干净。

（14）卫生间应有冷热水服务，冷水全天供应，保证客人早晚洗浴用热水。

（15）客房和卫生间每日应整理一次，床上用品应保证一客一换，并保持其卫生整洁。

◆ 乡村旅游餐厅的桌椅如何配备？

（1）餐桌。①方桌：如果想筹建一家大型餐厅（按 300 人同时进餐计算），一般需要方桌 50 张，中型（按 150 人同时进餐计算），一般需要方桌 20 ~ 30 张；②长桌：长餐桌一般在大型川菜馆应用较多，如供 300 人同时进餐，可备大小餐桌 60 张；③圆桌：通常中小型的餐厅，只要装配一些 6 ~ 8 人、8 ~ 10 人、10 ~ 12 人的普及型圆桌即可。

（2）餐椅。餐椅要适合各种乡村旅游的用途，一般要求灵巧、舒适、便于搬动。一般乡村旅游使用木椅或镀铬铁制折椅。可根据不同条件和地方特色制作，可制作成桌凳、藤凳、竹笼、瓷凳、陶凳、漆凳等。餐桌和餐椅的选用和布局要与乡村旅游的规模相适应，与其经营特色相适应。

◆ 乡村旅游餐厅的桌椅如何排列？

餐厅桌椅的排列既要考虑店堂的使用率，又要考虑顾客的舒适和席间服务的方便，同时还要讲究排列的艺术性。较宽敞的餐台排列一般采用纵横排列法。桌与桌之间的纵距一般应有 2 米，最小不少于 1.5 米；横距一般应有 1.5 米，最小不少于 1.2 米。一般直径 160 厘米的圆桌，需占大厅面积 8 ~ 10 米 ^{2}，一张 90 厘米 ^{2} 的方桌一般需要占大厅面积 6 ~ 7 米 ^{2}。

较宽敞的厅堂，排列方桌时可采取靠墙的餐台摆成正方形，中间的餐台可采用斜方形的摆法。面积较小的厅堂，其小方桌或小条桌宜靠墙排列，可节省大厅的面积，也便于席间服务。使用大小不等的餐台，一般在大厅中间排列小方台，在靠墙的地方安排长餐台或安排厢式小条台。

◆ 乡村旅游餐厅的大厅辅助设备有哪些？

（1）转盘。转盘放置在圆桌中央，目的是为方便顾客用餐，目前电动餐桌转盘已经普遍使用，按动电源开关，转盘便以 3 分钟 1 转的速度旋转，使菜肴缓缓地送到每位客人面前。

（2）酒柜。为向客人推销和介绍酒类产品，设长条形的酒柜或立式玻璃酒柜供客人观赏和挑选，同时它也起到一种装饰作用。

（3）储存台。既是储藏柜又是工作台，柜内存放餐具，柜面作上下菜时的储存台，酒水和其他用品也放在柜面。

◆ 乡村旅游餐厅的普通干货库房是用来干什么的？

干燥食品类别比较多，为了便于管理，可按原料的属性分类，每个类别、每种原料要有固定的存放位置。干货库应保持相对干燥，湿度大会使货物变质，仓库适宜的相对湿度为 50% ~ 60%。为保持库房干燥，库房要有良好的通风，每小时应保持交换空气 4 次。

◆ 乡村旅游餐厅的冷藏库是用来干什么的？

冷藏是利用低温抑制细菌的繁殖来延长食品、饮料的保质期和提高它们的保存质量，乡村旅游常用冰箱、冷藏室对食品进行低温贮存。冷藏库贮存的食品主要有：新鲜的肉、鱼、禽类食品；新鲜的蔬菜和水果；蛋类和奶制品；加工后的成品、半成品，包括：糕点、冷菜、熟食品、剩菜等；需使用的饮料、啤酒、黄酒、白酒等。冷藏库的面积与乡村旅游的经营方式、菜单类别、使用新鲜原料的多少、购菜的贮备数量等相关。

◆ 乡村旅游餐厅的酒水库如何存放酒水？

酒水库存放各种软饮料、果汁、啤酒和酒水。名贵的葡萄酒、名酒、香槟酒等，由于质量要求高，因而酒水的贮存条件应适宜。不同的酒类需要不同的贮存条件，宜采取不同的保存方法。

（1）啤酒。啤酒是唯一愈新鲜愈好的酒类，购入后不宜久藏，最长保质期在 6 个月以内，温度不能超过 16℃，温度高了会变质。但是温度也不能过低，低于－10℃会使酒液混浊不清。

（2）葡萄酒类。一般葡萄酒可在常温下贮存。名贵的红葡萄酒宜在 12 ~ 15℃的温度下贮存，名贵的白葡萄酒最佳温度为 10 ~ 12℃。红、白葡萄酒可在同一仓库中贮存。但要放在不同的容器中，并采用不同的空气流通方法和冷却方法。葡萄酒应平躺在酒架上，这样可使软木塞长期浸泡在酒液中而不至于干缩，空气就不会进入。

（3）烈性酒。普通的烈性酒不需要特殊的贮存条件。因为烈性酒受空气影响不大，并可以贮存很长时间。

◆ 乡村旅游餐厅的冷冻库贮存食品有什么技巧？

冷冻库可贮存保存期较长的肉、禽、蔬菜食品以及加工的成品和半成品等食物。冷冻技术能够延长食物的贮存时间，这样餐厅可以大批量购买原料，以节约采购、验收、运输的工作量。同时大批量地采购食品，其价格也会比小批量进货便宜。食品冷冻后易于运输，使食品在加工、处理、销售过程中不易变质。使用速冻的成品、半成品，如速冻饺子、春卷、速冻干贝等，能减少厨房的加工时间，大大提高工作效率。

但是，冷冻贮存随时间的推移会使营养成分、香味、颜色、质地下降。冷冻贮存的关键是：掌握贮藏食品的性质，不同的食品需要不同的冷冻条件，只有掌握各种食品的性能才能保质良好。食品冷冻时要迅速，食品冷冻贮存可分三个步骤：降温—冷冻—贮存。食品贮存的时间不要超过 3 个月。

◆ 为游客提供什么样的特色餐饮服务？

（1）全生态的乡土绿色食品。据调查，70%以上的游客认为农家菜肴极富特色，尽管档次不高，但胜在可口、新鲜、无污染、实惠。乡村饮食要品种多样、特色突出、鲜美可口，原料应该尽量选取不施化肥的烹饪原料，菜肴要以民间菜和农家菜为主，以“土”为本，土鸡、土鸭、土猪肉、土鸡蛋、山珍野菜、石磨豆花等，制法古朴，用具简单，原汁原味，体现了“绿色”风格，更符合游客崇尚自然、回归传统、追求健康、养身怡年的饮食风尚。

（2）浓郁的乡土服务风格。农村热情而真诚的待客服务方式，古朴的民风，粗粮、菌竹、野菜，土碗、陶钵、大地锅，把乡情之“真”，风物之“淳”，乡村生活之“实”，都放在民间传统的“田席”上。在墙壁上，挂一些具有鲜明农村特色的东西，如丝瓜瓤、红辣椒串、腊肉、老玉米等，加上潺潺的水车、古老的榨油机，一种农家意境便凸显出来。乡村旅游的餐饮土气而野性，乡土味甚浓，游客便更觉自然原始，有返璞归真之感。

◆ 乡村旅游的餐饮应该符合哪些基本要求？

（1） 餐厅及厨房位置合理，餐位数量适合于该经营户的接待能力。环境整洁、干净，通风良好，有空气消毒、消灭蚊蝇等的设施。

（2） 餐饮服务符合国家食品卫生的规定，并配有消毒设施，餐具禁止使用对环境和人体有害的非环保类产品。

（3）有与接待客人数量相匹配的用餐空间，室内宽敞、明亮，干净卫生，墙面易擦洗。室外周围环境优美，农村特色突出。

◆ 厨房应该符合哪些基本要求?

（1）墙面使用易擦洗材质，用防滑材料铺设地面。

（2）食品粗加工与制作区域隔离，冷热菜制作分离，厨房用具定期进行消毒。

（3）食品原料要确保安全、新鲜，食品进货发票要建立台账备查。

（4）食品应设有专用的冰箱（柜）储藏，要生熟分开。饭菜突出农家特色，荤素搭配合理，符合国家食品卫生的规定。

（5）有存放临时垃圾的设施，并保持其封闭。

（6）有消灭蚊蝇、蟑螂、老鼠等的设施。

（7）通风排水自如有效。

◆ 经营乡村旅游还应具备哪些必要的设备?

（1）清洗设备。①洗衣机，可选用单缸洗衣机、双缸洗衣机或全自动洗衣机，规模较大的可以选用滚筒式洗衣机；②吸尘器，按功率大小分为大、中、小型三种。800 瓦以上的吸尘器，适宜于餐厅等面积大的场所，400 ~ 800 瓦的可用于客房。装饰物等的清洁，可用小型吸尘器；③卫生设备包括洗脸盆、抽水马桶、浴缸等，中高档乡村旅游必须具备。

（2）消防设备。①灭火器材。除储水池、水泵外，还应该有泡沫灭火器、磷酸铵盐灭火器、干粉灭火器、二氧化碳灭火器以及消防梯、水枪等必备设施；②有条件的高中档乡村旅游，还可以配备感烟、感温探测器、火灾自动报警器等。

（3）空调设备。有条件的可采用中央空调，条件差的也可用窗式空调或分体式空调两种。

（4）音响设备。一般应具有调谐器、录音机、VCD 机、DVD 机、卡拉 OK 机、前置放大器、话筒、功率放大器、扬声环绕系统等。另外，还应有电视机。有条件的大型乡村旅游，还要配置专用天线与闭路电视。此外，还应有一些项目设施设备。项目设施设备是指与乡村旅游的服务游玩项目有关的设施设备。如钓鱼的船和渔具、鱼饵等；干农活用的工具；骑马的缰绳、肚带、脚蹬；野营的帐篷、手电筒等等。

◆ 经营乡村旅游须配备哪些人员?

要搞好乡村旅游，如何配备好合理结构的人员是十分重要的。乡村旅游的成功与否，关键是人员配备是否合理。一般的乡村旅游人员配备主要由经营者、厨师、服务员、专业人员等组合而成。

一般的乡村旅游以一户一制的单一“家族式”经营为主，除少数专门人员如厨师等，其余人员，如经营者，服务人员，管理人员等多为亲戚。但是大、中型乡村旅游的人员配备和“家族式”的乡村旅游截然不同，它具有人员结构完整，分工精细，合作十分密切的特点，必须认真设计安排。

◆ 厨房工作人员有哪些?

（1）厨师。农家特色菜的直接提供者就是厨师，其作用举足轻重。要根据乡村旅游的经营品种和风味特色来选择符合岗位要求的、具有相应技术等级的厨师。厨师长应由制作技术过硬、管理有方、能广泛听取意见的优秀厨师来担任。

（2）面点师。按照供应的品种和数量进行备料，做好发面、小面、烫面、三生面、油水面及酥面的加工，做好面皮、馅心的加工，经蒸、煮、烤、烘、炸、煎等方式制成食品。

（3）冷菜人员。做好选料，加工腌、卤、熏、拌、冻制品以及加工调味品和复合味的调制。

（4）水杂人员。原料的初加工，清洗及部分调味品加工等。

（5）笼锅人员。制作蒸菜的一项工种，熟悉墩子、炉子、下料、配料、安笼、定碗、蒸制技术。

（6）墩子人员。加工原料成为片、丝、块、丁、末、茸及配菜等。

（7）炉灶人员。负责汆水、熬油、熬汤、干料先制等。

（8）饭灶人员。负责制作米饭等。

◆ 乡村旅游服务人员有哪些?

（1）迎宾人员。主动、热情、耐心、周到地接待顾客，引入座位，并介绍菜肴的特点、价格、质量、风味等。

（2）餐桌服务员。做好餐前准备工作，注意摆台、安座、递菜次序和上菜、分菜、撤菜的方法，并熟悉招待礼节。

（3）收银员。了解菜肴的价格，卖票、算账等精确无误。

（4）清洁员。负责店堂内外、桌、凳、门窗及环境卫生，杯、匙、碗、筷等的清洁工作。

（5）客房服务员。负责客房的接待服务工作。

◆ 乡村旅游还需要一些什么样的人？

（1）维修工。负责乡村旅游的各种电器设备、游乐设施等修理。

（2）保安员。负责乡村旅游的治安和安全工作等。

（3）和游乐项目有关的人员。如登山的管理人员，骑马的牵马人，游乐设施使用领护员等。

◆ 对乡村旅游从业人员有哪些基本要求？

（1）身体健康，无传染病或家族遗传病史，有卫生部门颁发的健康证。

（2）仪表大方，语言文明，着装整洁，礼貌待客。

（3）经过上岗培训，并取得相应的等级证书。具备一定的文化知识和旅游服务技能，能提供相应的服务。

◆ 如何打造乡村旅游的外部环境？

外部环境主要是指乡村旅游的生态环境。随着环保意识的增强，人们要求环境与自然的和谐统一，乡村旅游所倡导的关爱自然、享受自然的主题，充分反映了现代旅游业发展潮流和方向，具有较强的生命力；乡村旅游还必须努力实现与文化的融合，环境作为农耕文化、乡土文化、民俗文化重要因素，能进一步丰富乡村旅游内涵，提高乡村旅游品位。

具体来讲，赏花采摘型，应利用开花期、果熟期让游人入园赏花、摘果；渔场垂钓型，应提供优质的水面和鲜活的水鲜；享乐健身型，应有空气清新场地等，力求达到自然风景、文物古迹与风俗民情统一的外部环境。

◆ 如何打造乡村旅游的营业环境？

成功的乡村旅游经营者认为：营业环境应该具有完美性，以使顾客光临时有一种“回家”的享受感。这种完美性表现在乡村旅游内部的装修、饮食卫生、餐饮器具、服务员的制服以及服务员举止和服务态度等，这一切均应恰当而协调。不少乡村旅游在营业环境上，不仅强调外部环境，还摆放了不少精美的艺术品，许多顾客都是冲着这种情调而来的，自然顺便购回了许多商品。这便是好的营业环境在经营中所起的巨大作用，让顾客感受到文化与乡村旅游的完美结合。

◆ 如何打造乡村旅游的经营环境？

好的经营环境，就是要在经营过程中尽量避免人为的矛盾，这种矛盾既有内部的也有外部的。在内部首先要使乡村旅游的经营者有人员使用、财务等方面的决定权，因为乡村旅游经营只有不停地出新招才能制胜。如果经营者不把主要精力投在这方面而是纠缠在一些事务上，那他就不可能获得成功。其次是要保证经营者思路的连续性，很多成功的乡村旅游都是经过数年甚至更长时间的经营才取得成功的，所以经营策略的连续性至关重要，如果不停地换人或改变经营思路，就只能给乡村经营带来混乱。

◆ 如何打造乡村旅游的停车环境？

停车环境在乡村旅游中占有非常重要的地位，任何兴旺的乡村旅游，都必须有良好的停车设施和足够的停车位。这已越来越受到人们的重视，很多乡村旅游都有专人看管的停车场，免费洗车，并有极好的照明灯光，有围墙等，以保证客人车辆的安全。

◆ 对乡村旅游的营业环境有哪些基本要求？

（1）房屋建筑有典型的乡村特色，院落布局合理，并有一定数量的农具，且摆放合理。

（2）周围环境优美，建筑物墙面整洁无污垢，房前屋后无乱搭、乱建、乱堆、乱放现象，空气清新无异味。

（3）庭院内外有绿化、美化，有果园、菜园。绿地、果园或菜园面积不低于每户农家院总占地面积的20%。

（4）有与接待能力相适应的停车场及照明设备。

（5）公共场所有标志性建筑物，使用标准、规范的公共信息图形符号标示。

（6）空气质量、噪声控制符合国家相关标准。

（7）生活饮用水安全、卫生，符合国家饮用水标准。

（8）家畜、家禽无疫情，并有圈养设施，人畜分开，犬类不威胁到客人的人身安全。

（9）房屋建筑坚固、安全，质量可靠，室内装修、装饰应采用不易燃材料和环保材料。

（10）生活污水、粪便经污水处理池等方式有效处理后排放。

◆ 乡村旅游所在地交通应该具备哪些基本条件?

（1）交通畅通，路况良好，有较好的可进入性。

（2）有公路通达附近旅游区（点）。

（3）附近设有加油站。

◆ 旅游所在地店铺应该符合什么要求?

（1）小商场或购物摊点布局合理，证照齐全，管理有序。能提供旅行日常用品、旅游纪念品、土特产品的销售服务。

（2）旅游商品有本地区特色，无假冒伪劣商品，不欺客宰客。

◆ 游客喜爱什么样的特色商品?

（1）美味土产。乡村旅游的土特产一直以来都深受游客们的喜爱，从某种程度上来说，这些土特产正是吸引游客来的因素之一。吃腻了大鱼大肉的城市人一旦尝到乡村里正宗的油腐乳、大头菜还能忍得住吗？还有那些新鲜的竹笋、甜脆的玉米、可口的山茅野菜等等。

长期以来，农家的一些土产在口味上和城里有明显的互补性。有些对农民看来非常普通的食品却让城里人赞不绝口，所以，我们要用心开发自己的土产。使其外形美观，可以通过现代手段进行包装。如果有条件的话，可邀请旅游、历史、文化等相关学科的专家或专业旅游规划设计单位参与其中，最好由旅游专家或专业旅游规划设计单位牵头负责整个产品的开发设计，让城市和乡村、现代和历史有机地融合。

（2）民族、地方特色产品。特色旅游商品一定要有民族风格，要突出它的地方特色，注重它的文化内涵，要有独特的创意、可靠的质量。片面追求低成本、高效益，粗制滥造，只能是走进死胡同。要用心抓好开发，在规划设计上坚持高标准、高品位、高质量、多档次分类开发，并根据各类游客的心理、文化、消费需要进行针对性开发。

四、乡村旅游发展规划

◆ 旅游发展规划都包括什么？

（1）全面分析规划区旅游业发展历史与现状、优势与制约因素，及与相关规划的衔接。

（2）分析规划区的客源市场需求总量、地域结构、消费结构及其他结构，预测规划期内客源市场需求总量、地域结构、消费结构及其他结构。

（3）提出规划区的旅游主题形象和发展战略。

（4）提出旅游业发展目标及其依据。

（5）明确旅游产品开发的方向、特色与主要内容。

（6）提出旅游发展重点项目，对其空间及时序做出安排。

（7）提出要素结构、空间布局及供给要素的原则和办法。

（8）按照可持续发展原则，注重保护开发利用的关系，提出合理的措施。

（9）提出规划实施的保障措施。

（10）对规划实施的总体投资分析，主要包括旅游设施建设、配套基础设施建设、旅游市场开发、人力资源开发等方面的投入与产出的分析。

◆ 旅游发展规划成果是怎么回事？

旅游发展规划成果包括规划文本、规划图表及附件。规划图表包括区位分析图、旅游资源分析图、旅游客源市场分析图、旅游业发展目标图表、旅游产业发展规划图等。附件包括规划说明和基础资料等。

◆ 怎样才能对旅游区进行总体规划？

（1）对旅游区客源市场的需求总量、地域结构、消费结构等进行全面分析与预测。

（2）界定旅游区范围，进行现状调查和分析，对旅游资源进行科学评价。

（3）确定旅游区的性质和主题形象。

（4）确定规划旅游区的功能分区和土地利用，提出规划期内的旅游容量。

（5）规划旅游区的对外交通系统的布局和主要交通设施的规模、位置；规划旅游区内部的其他道路系统的走向、断面和交叉形式。

（6）规划旅游区的景观系统和绿地系统的总体布局。

（7）规划旅游区其他基础设施、服务设施和附属设施的总体布局。

（8）规划旅游区的防灾系统和安全系统的总体布局。

（9）研究并确定旅游区资源的保护范围和保护措施。

（10）规划旅游区的环境卫生系统布局，提出防止和治理污染的措施。

（11）提出旅游区近期建设规划，进行重点项目策划。

（12）提出总体规划的实施步骤、措施和方法，以及规划、建设、运营中的管理意见。

（13）对旅游区开发建设进行总体投资分析。

◆ 旅游规划的评审方式有哪些？

评审方式包括旅游规划文本、图件及附件的草案完成后，由规划委托方提出申请，上一级旅游行政主管部门组织评审。旅游规划的评审采用会议审查方式，规划成果应在会议召开 5 日前送达评审人员审阅。需经全体评审人员讨论、表决，并有 3/4 以上评审人员同意，方为通过。评审意见应形成文字性结论，并经评审小组全体成员签字，评定意见方为有效。

◆ 旅游规划的评审人员有哪些？

旅游发展规划的评审人员由规划委托方与上一级旅游行政主管部门商定。旅游区规划的评审人员由规划委托方商同当地旅游行政主管部门确定。旅游规划评审组由 7 人以上组成。其中行政管理部门代表不超过 1/3，本地专家不少于 1/3。规划评审小组设组长 1 人，根据需要可设副组长 1 ~ 2 人。组长、副组长人选由委托方与规划评审小组协商产生。旅游规划评审人员应由经济分析专家、市场开发专家、旅游资源专家、环境保护专家、城市规划专家、工程建筑专家、旅游规划管理官员、相关部门管理官员等组成。

◆ 旅游规划的评审重点是什么？

旅游规划评审应围绕规划的目标、定位、内容、结构和深度等方面进行重点审议，包括：

（1）旅游产业定位和形象定位的科学性、准确性和客观性。

（2）规划目标体系的科学性、前瞻性和可行性。

（3）旅游产业开发、项目策划的可行性和创新性。

（4）旅游产业要素结构与空间布局的科学性、可行性。

（5）旅游设施、交通线路空间布局的科学合理性。

（6）旅游开发项目投资的经济合理性。

（7）规划项目对环境影响评价的客观可靠性。

（8）各项技术指标的合理性。

（9）规划文本、附件和图件的规范性。

（10）规划实施的操作性和充分性。

◆ 如何进行旅游规划的报批？

旅游规划文本、图件及附件，经规划评审会议讨论通过并根据评审意见修改后，由委托方按有关规定程序报批实施。

◆ 如何进行旅游规划的修编？

在规划执行过程中，要根据市场环境等各个方面的变化对规划进行进一步的修订和完善。

规划前我们应该做什么？

（1）要召集不同领域的专家学者和管理人员组成一个工作小组，共同研究乡村旅游规划的经济、社会、环境、工程、建筑等问题。根据初步调查研究的具体情况，确定工作小组的人员，可以是市场与财务分析家、旅游行政管理者、旅行社管理者、饭店管理者、乡村管理者、社会学家、生态与环境专家、工程师、建筑师、地理学家、律师、园林学家等等。同时，吸收普通的市民和村民参与，有利于使规划成为更切实可行的方案，而不仅仅是专家的“课题”。

（2）进行实地考察、市场调查，收集资料。这是一项非常重要的工作，必须认真完成。在以后的工作过程中，还要反复进行这项工作。

（3）初步确定乡村旅游项目建设的主体形象、特色、旅游开发的规模、主要的基础设施和旅游设施等。

规划的方法有哪些？

旅游规划是一个循环系统，是一个预测—实施—出现偏差—纠正偏差—再预测—实施—出现偏差—纠正偏差……的一个不断修正提高的过程，每个循环中包括 8 个阶段：①准备；②确立目标；③可行性分析；④制定方案；⑤方案的评价与比较选择；⑥实施；⑦监控反馈；⑧调整策略。在制定乡村旅游规划时，依此基本步骤与方法进行。

如何确定开发目标？

要确定某一乡村进行旅游开发后，就要确定这个乡村以及周围地区的经济目标、社会目标、环境目标。这三个目标总的说来都要兼顾，但不同的乡村要有所侧重。同时，必须以满足游客的需求为实现开发目标的前提。

例如：某一乡村是贫困村，现进行乡村旅游开发，其开发目标首先是社会目标（即脱贫、扶贫），其次才是经济目标（即致富、增加收入）。当然，不能以牺牲环境为代价而要兼顾环境，同时，必须能满足游客的需求，游客的到来能使村民脱贫致富，但游客并没有扶贫的义务。确定开发目标还必须把经济目标、社会目标、环境目标进行细分，以便在规划中制定措施，保证开发目标的实现。

◆ 怎样确定自己村能否发展乡村旅游?

要确定自己村是否能发展乡村旅游，就要进行乡村旅游资源调查与评价、乡村基础设施调查与评价、乡村社会经济发展调查与评价、市场预测分析、成本效益估算、承载力分析。

可以采取定性分析与定量分析相结合的方法进行分析研究。进行乡村旅游资源调查与评价、乡村基础设施调查与评价、乡村社会经济发展调查与评价时，必须做详细的普查，获取第一手材料，收集并总结已有的各种材料。

在市场调查的基础上进行市场预测分析，要调查客源市场的各种情况以及潜在旅游者的特征、消费行为、消费水平等等，从而发现并确定目标市场。

成本效益估算中，要对项目进行财务分析，对投资风险与不确定性进行分析，决定乡村旅游项目的盈利能力、负债清偿能力、投资回收期、社会效益、环境效益。承载力分析包含经济、社会、环境的承载力分析。

◆ 在规划中应该注意些什么?

乡村旅游作为一种特殊的旅游形式，其规划应该顺其自然、顺应潮流，做到既能持续地吸引游客，又要使乡村在保持原来的生活方式的基础上逐步发展，并从该项活动中获得效益。为此，这里提出以下 6 条乡村旅游规划的注意事项：

（1）选择具有独特吸引力的乡村进行旅游规划。

（2）充分利用乡村基础设施，适当建设配套设施。

（3）旅游活动的设计应顺应农村生活方式。

（4）尽量做到不干扰村民的正常生活。

（5）鼓励村民积极参与，并使村民从中获益。

（6）监控乡村旅游项目的实施，并适时调整鼓励游客参与村民的各种活动。

◆ 规划乡村旅游还应该考虑些什么？

要考虑实现目标的能力、乡村旅游开发与政策的一致性、成本效益比、社会文化与环境效益、对其他产业的关联作用和对社会文化的消极影响等。

◆ 怎样做好乡村旅游规划？

（1）突出旅游目的地资源和项目特色。通过确切的乡村景观资源调查，筛选出具有旅游吸引力的旅游资源和开发项目，防止乡村旅游的泛化和产品同质化，靠特色区别于其他旅游目的地，避免重复竞争，以此吸引广大旅游者。

（2）保护自然生态环境。在开发规划中要注意保护乡村旅游目的地赖以生存的自然生态环境，避免过度开发的消极影响，做好环境保护规划，加强城镇设计、用地规划及污染控制，营造一个更负责的、可持续性更强的旅游环境，保护物种的生物多样性。

（3）充分结合新农村政策。要把旅游业与解决“三农”问题结合起来，积极开发农村旅游资源，大力发展农业旅游。所以，乡村旅游要真正兴旺发达，给广大农村人口带来实惠必须和党的新农村相关政策结合起来，解决农村、农民、农业问题，推动社会小康目标的实现。

（4）重视开发新型、可持续型的旅游产品。既要加强观光农业产品、乡村度假产品的开发，又要丰富其他旅游产品形式（如那些与文化旅游、生态旅游和专业娱乐有关的旅游活动）。使广大乡村地区旅游产品类型多样化，质量国际化，满足国内市场和国际市场的需求，实现国内旅游结构由观光型向度假型的预期转变，延长旅游季节，减小淡旺季的影响。

◆ 村民一定要参与规划吗？

是的。传统的乡村旅游规划中，乡村居民是被动地接受政府的旅游规划，没有任何的双向交流，村民的意见和利益在规划中不能体现，村民丧失了话语权和影响力，成为乡村旅游规划的边缘人。而村民参与乡村旅游规划，不仅可以和政府官员、规划专家交流自己的看法，保障村民的利益，而且可以提高村民的旅游服务意识，有利于保护乡村乡土文化和民间习俗，有利于旅游者与村民有最亲密的接触。

居民参与乡村旅游规划是全方位的参与，从乡村旅游规划的调研、目标的确定、规划方案的选择到规划方案的实施与监督等旅游规划的全过程。

具体来说，村民参与规划的主要影响表现在，就乡村旅游发展战略和方向提出意见，如重大项目的论证、设计，乡村文化的保护和传承，利益分配方案的设计，村民就业政策的制定，旅游服务标准和价格的制定等方面。

◆ 可以将自己的村子规划在乡村旅游中吗？

当然可以。乡村旅游规划应注重乡村田园风光、乡村生活生产形态、民俗风情等乡村旅游产品的规划。应改变过去那种将村庄仅仅作为旅游的辅助设施规划，村庄的功能仅仅是单一的食宿功能，并没有把村庄规划成旅游景点，有些乡村旅游甚至都不进村庄的做法。

另外，也有极端的做法是为了适应乡村旅游的发展，大拆大建，用城市规划的理念规划乡村，把乡村原始村庄建设成“现代化”的村庄，不仅破坏了原来的自然乡村风貌，而且也割裂了原来的聚落形态和社会群体关系，使居民和游客都丧失了认同感。

◆ 村庄在旅游规划中应该注意些什么？

（1）村庄不仅是村民生产生活的载体，也是乡村旅游产品的一部分，是旅游者休憩、休闲、体验、食宿的场所。村庄应该是乡村旅游产品的中心，田园风光、农事活动体验、民俗风情、现代农业观光等旅游项目都应该围绕村庄进行，从村庄中去，到村庄中来，形成一个循环模式。

（2）村庄规划的守旧创新。村庄规划必须保持村庄的乡土特色和原始风貌，这是乡村旅游的核心吸引元素。对村庄渐进式的改造就是要让原始村庄既保持原来的乡土本色，又适应现代旅游的对休闲、食宿、交通等的需要。

（3）村庄的特色设计。特色设计的内容：①村庄的核心标志。这种标志形态各异，可以是古树、祠堂、桥梁、湖泊池塘等；②村庄空间布局。

◆ 在旅游规划中对村庄的空间布局有何要求?

村庄空间布局总体要求是要体现审美情趣和休息功能。①村庄集中建筑区域与周边区域要有机结合;②道路与结点要有整体性和系统性,结点一般是公共空间,也是游客的休息空间(如古亭、晒场、广场等),它的设计尤其应该注重质朴、品味对旅游心理的影响。道路的铺设应体现乡村朴实的性格,把握好节奏的松动和动静的交错;③村庄空间的规划应体现村民的精神空间,尊重乡村的历史和文化背景、生活方式、风俗习惯和价值取向等。

◆ 为什么越有特色就越有吸引力?

乡村具有不同类型,由于其不同的历史、文化、经济和社会发展而呈现出不同的特征,应该说都有一定的吸引力,因此,我们必须选择具有独特吸引力的乡村进行旅游规划。

(1)以经济和社会的发展为划分依据,可以把乡村分为具有或保持了一定时代特色(民居、饮食文化、服饰、耕作方式、节日、风俗习惯等)的乡村,如具有母系氏族婚姻家庭特色的泸沽湖畔的摩梭乡村,具有现代经济社会发展较快的“云南第一村”——玉溪大营街。

(2)以自然环境和区域性为划分依据,可以分为江南水乡、草原乡村、高寒山村、黄土高原乡村等等。

(3)以民族为划分依据,可以分为白族乡村、佤族山寨、傣族乡村等等。

总之,可以有许许多多的划分依据,但是越是具有特色的乡村,就越有吸引力,应该寻找这样的乡村进行旅游规划。以少数民族部落村庄为基础的乡村旅游,在云南省有极大的发展潜力。在某些地区,乡村旅游可以和生态旅游结合起来进行。

◆ 怎样规划才能体现咱自己的特色?

乡村旅游规划的重点和难点是突出特色。目前,国内乡村旅游规划还很不成熟,存在着旅游产品严重雷同现象,真正的地域特色没有挖掘出来。乡村旅游产品规划的重点是在细分目标市场的基础上设计旅游主题,规划核心是体现地方特色。

中国地域的差异使乡村田园风光与乡村文化有很大的差异，如南方的小桥流水式的乡村景象与北方粗犷神异的大地风光的差异、各地民俗风情的差异等。田园风光具有地域性、不可转移性、不易模仿性等特点，在规划中较为容易体现地方特色。规划的难点和重点是民俗文化旅游项目的规划和设计，虽然民俗文化有地域性，但是容易传播、转移和模仿，因此，应深层次地寻求产品的差异化。

◆ 乡村民俗分几种类型？

乡村民俗因民族、地域的不同，其生产生活方式、行为方式和心理特征也不同。根据这些不同可以把乡村民俗分为物化民俗、制度民俗和精神民俗。

（1）物化民俗主要表现在当地村民的日常生活生产中，如服装、农事活动方式、村落建筑、饮食习惯等。

（2）制度民俗是当地村民的社会组织制度和组织方式，对当地村民有约束力。如婚丧制度、节庆制度、礼仪制度、禁忌制度和竞技制度等。

（3）精神民俗是当地居民的意识形态，如宗教信仰、道德伦理观念、民间神话传说、民间文学等。

因此，乡村旅游产品的设计应根据乡村民俗文化的特点、目标市场特点设计产品项目，体现不同民族和不同地域的物化民俗、制度民俗和精神民俗的不同特色。

◆ 怎样规划乡村旅游才能顺应农村的生活方式？

旅游活动的设计应顺应农村生活方式，尽量做到不干扰村民的正常生活。游客参加乡村旅游，可以只是参观游览，也可以是参与村民的生活、体验村民的生活方式，但是都不能干扰村民的正常生活，这就要求旅游活动的设计应顺应农村生活方式。

（1）必须控制游客的数量，保持一定的环境容量，100户的乡村每天接待30户，或者接待100人次是比较合适的容量。

（2）要考虑基础设施的容量，包括住房、道路交通系统、饮用水供应系统、排水系统等等，不能因为游客的到来使这些基础设施难以承受，或者失去其独特性。

（3）要考虑粮食、蔬菜、肉类、饮用水的供应量，最好能让游客品尝到当地村民平常吃到的绿色食品。

（4）要给游客讲解清楚当地村民风俗习惯，特别是各种各样的禁忌，希望游客尊重村民，尊重当地风俗习惯。

总而言之，要做到既满足了游客的要求，又不能破坏乡村固有的特色。

◆ 怎样实施乡村旅游规划？

实施乡村旅游规划，一般分为四个阶段：基础设施建设、旅游设施建设、经营、调整。

◆ 实施规划常会遇到些什么问题？

影响乡村旅游规划的主要因素有：

（1）认识观念的差别。不同的群体对同一规划方案可能有不同认识；省级、市级、县级和乡村级旅游规划管理部门对规划认识的标准可能不一样；当地群众可能有短视行为，可能会抵制长远利益有利而短期无益的规划或政策。

（2）技术因素。乡村旅游规划可能会与上层次规划产生冲突，或者不能衔接。另外，涉及到跨行政区的乡村旅游规划可能因为地方政府的不合作而不能操作。

（3）资金因素。可能会因为资金不足，不得不简化规划内容，甚至完全违背规划内容。

◆ 旅游规划中应注意些什么问题？

作为规划方，在规划中应该坚持研究相关利益主体的意愿和需求；以市场为导向，创造出具有吸引力的乡村旅游产品；规划中尽量维护乡村的农田土地和村庄布局建设，协调好乡村商业用地与农用地的关系，乡村旅游结构布局要坚决避免人为的“大集中”，采取“大分散，小集中”的布局方式，保持乡村的原始风貌，充分利用村庄空间，节约资金；对禁止开发、限制开发和合理开发的区域要有明确的界定；规划中应该有旅游项目的投融资的可行性分析；乡村旅游规划要有具体项目的规划设计，不同层次的旅游规划要相互协调，不能脱节。

◆ 怎样化解规划中的矛盾？

乡村旅游涉及到的利益主体较多，如村民、官员、游客、投资者、旅游从业人员等，环境保护压力大（环境脆弱地带）。规划中的人地矛盾、利益主体矛盾、规划矛盾等错综复杂，需要统筹兼顾，化解矛盾。人文主义的规划顺应了当今以人为本、可持续发展的规划理念和发展趋势，能较好地处理人与自然、人与人、规划与规划之间的矛盾。乡村人际环境复杂，不同的区域（主要是城市和乡村）、不同的文化背景、不同的利益主体造成了乡村与城市文化的冲突，村民与游客、规划师、官员的冲突，以及村民之间的冲突。所以规划中一定要注入人文关怀，在细节中化解冲突。主要体现在：

（1）在规划中体现当地村民的意愿，村民全程参与规划。

（2）在乡村旅游资源评价中听取游客的声音，制止过度评价，虚假包装。

（3）在旅游产品的销售规划中，注重本地人的培训和教育。

（4）在乡村旅游产品设计中，注重审美、休息、学习、体验等不同功能的组合，关注特殊群体的需要，如妇女、儿童、老人的特殊需求。

◆ 人文主义规划的核心理念是什么？

人文主义规划的核心观念是环境和谐。这里的环境包括自然环境、人际环境和技术环境等。乡村自然环境是乡村居民的物质寄托，蕴含着村民世代延续的感情，规划中应遵循一个基本的原则：最少的规划就是最好的规划。尽量减少人为破坏当地的自然环境。

◆ 规划完成后为什么要对乡村旅游进行监控？

必须持续地监控乡村旅游项目的实施情况，以确定是否能实现其发展目标，找出存在的问题，防患于未然，并针对出现的问题及时调整规划。

◆ 怎样对乡村旅游进行长远规划？

制定科学合理的乡村旅游规划，有助于在可持续发展的目标下，提出乡村旅游发展的行为标准，及如何达到这些标准，从而有效地引导乡村旅游的发展。

乡村旅游发展规划既包括区域范围内不同特色乡村旅游地的布局，也包括每一个乡村旅游地的个性化规划。这不仅是使开发取得成功的保障，也是预防资源和环境受到破坏的重要措施，还有利于保护广大投资者和经营者旅游开发的积极性及景点建设和配套设施建设的相互协调。

所以在开发乡村旅游的过程中，必须要认真科学地策划好旅游开发项目，避免无序开发、重复建设、一哄而起、一哄而散的局面。同时，还要加强以乡土文化为核心的文化内涵建设，提高乡村旅游产品的品位和档次。

在乡村旅游产品项目的开发和设计中，要在乡村民俗、民族风情和乡土文化上做好文章，使乡村旅游产品具有较高的文化品位和艺术格调。

事实上，由乡村淳朴清新的自然景观和丰富多彩的人文景观组成的旅游资源，只有挖掘其文化内涵，实行科学的开发利用和经营管理，才能改变目前我国乡村旅游产品结构雷同、档次低的状况，为当地乡村旅游的发展和振兴发挥重要作用。

◆ 为什么要重视政府的带头作用？

相当一些乡村旅游地经济和社会的开放程度比较低，不可避免地残留着计划经济时代的特征，市场经济的观念还没有深入到每一个经营者的头脑里，有一些人可能会在旅游业发展的热潮冲击下失去清醒和理智，有些人因为对乡村旅游发展前景认识不足而导致建设资金的不合理流动，也有的因为小集体利益的驱动导致各市、县各自为政、盲目开发等。

这些问题光靠开发商和经营者是解决不了的，必须要坚持政府主导的发展战略。乡村旅游要在当地政府的引导下，以群体的力量形成规模效应，增加市场竞争力，走产业化和规模化的道路，各主管部门和旅游企业通过增强全局观念，主动沟通，密切配合，树立大旅游观念，打破行政区域和行业界限，建立以市场为导向、产业为纽带、网络为重点、效益为中心的乡村旅游大环境。

政府对乡村旅游业的政策、经济和技术支持是非常重要的，农民一家一户在实践中去摸索经验，耗费太大的成本，容易动摇经营者的信心。因此，政府制定的一些对乡村旅游开发倾向性的政策，通过减免税收、补贴低息投资贷款等，对乡村旅游给予特定的支持和帮助，并将乡村旅游的开发纳入到各级旅游总体开发规划中是必不可少的。

◆ 规划中怎样坚持可持续发展?

可持续发展的核心内容包括发展和可持续性。乡村旅游规划应有经济效益，能够完善乡村产业结构，提高当地居民的收入。同时又要保持环境、社会、经济的可持续性。乡村旅游是农村体验旅游和农村生态旅游的集合体，乡村旅游地又往往是经济落后地区，属于急于脱贫地区。乡村旅游可持续发展必须体现两个方面。

（1）乡村旅游规划是在保护和不破坏乡村环境前提条件下的规划。乡村环境包括自然环境和人文环境，规划要以绿色为基调，适度开发，避免走“先污染，后治理”的老路。规划要尊重当地村民的生活方式和文化传统。

（2）乡村旅游规划必须要有经济效益。产生经济效益的重要手段是本地化和差异化。旅游项目本地化，旅游收益本地化，不仅可以解决农村就业问题，也可以增加村民的收入。旅游差异化主要表现在主题的差异化，以独特的田园风光和富有地方特色的民俗文化为依托，以农事文化为载体。

◆ 目前乡村旅游规划中存在的问题有哪些?

（1）过于城市化。许多规划人员对城乡一体化的理解比较片面，以为城乡一体化就是农村城市化，就是将农村变成城市，要有高楼大厦、水泥道路、现代化的娱乐生活设施等。受这种思想支配，许多乡村的旅游规划显得过于城市化、现代化。

（2）对规划区周边环境改造欠考虑。第一，对规划区周边环境建设重视不够。例如，有的景区虽然景区内标识牌明显、道路畅通、环境优良，但一出景区没多远，道路就显得破烂不堪，缺乏明显的景点标识。第二，片面强调乡村旅游的经济效益，忽视了当地的生态和社会效益。

◆ 乡村旅游规划过于城市化的表现有哪些?

具体表现在以下几个方面：

（1）在旅游服务的接待设施规划上，只强调兴建现代化的酒吧、宾馆、度假别墅等，忽视了对现有农舍、乡村闲置建筑物的改造与利用。许多旅游规划将色彩艳丽的城市服务设施搬到了农村景区，有的甚至以影响美观为由，将原有的农舍拆除或改建成现代化的宾馆、别墅，破坏了景区的乡野气氛和生态环境。

（2）在旅游景观设计上，只强调人造景观、现代景观，忽视了农田、农舍、农民、农事活动等自然景观。例如，在景区内建造游乐园、喷泉、水泥雕塑等，使景区浓郁的乡土气息丧失殆尽。

（3）在旅游产品和旅游项目的规划上，缺乏传统的乡土文化气息，脱离了农村实际，即便有也多是一些低水平的模仿、抄袭，品位不高。例如，商业化倾向明显的“乡村婚庆活动”；纺织、书画、舞蹈等“纯粹表演性的民俗”项目在乡村旅游景区随处可见；游乐园、滑梯、蹦极等这些属于城市的活动项目到处可见。这些旅游产品和旅游项目的安排，与游客对乡野风光、生活氛围的追求和体验大大偏离。

（4）在农民新村的规划设计上，出现了越来越多的丧失乡土特色的城市小区，忽视了对乡村意境浓郁、风光独特的村庄景观的构建。

◆ 目前旅游规划区周边环境改造中哪些地方做的不好?

发展乡村旅游能有效扩大农村劳动力就业，促进农业产业结构的调整，推动农村经济的发展，是解决“三农”问题和建设社会主义新农村的重要举措。但一些乡村旅游规划由于过于强调“旅游扶贫”对农村经济发展的推动作用，而忽视了生态效益和社会效益，导致一些旅游项目在开发过程中，对乡村生态环境造成了破坏，给乡村居民传统的生活习惯、民俗文化带来了负面影响。

例如，一些乡村原有的清新自然的带有泥土气息的空气品质下降了，森林植被遭破坏，河流溪水被污染，乡村传统的民俗文化被城市文化所同化，少数农民弃农经商，甚至撂荒土地。

◆ 完善乡村旅游规划的方法有哪些?

完善我国乡村旅游规划的方法主要有：乡村旅游规划要树立“原生态”

思想，让当地居民参与到乡村旅游规划中来，乡村旅游规划要统筹兼顾。

◆ 为什么乡村旅游规划要树立“原生态”思想？

乡村秀丽的田园风光、悠闲自在的生活方式，以及宁静祥和的田园生活是城市旅游者参加乡村旅游的主要动机，也是近年来乡村旅游持续升温的原因所在。因此，在制定乡村旅游规划时要树立“原生态”思想。

◆ 如何在乡村旅游规划中做到“原生态”？

（1）在服务设施上，应充分利用现有的乡村农舍，让游客“住农家屋”、“吃地锅饭”、“品农家菜”、“干农家活”、“享农家乐”。

（2）在旅游景观设计上，应尽量体现自然美、生态美，将自然与人文景观融为一体。在景观设计上要尽量减少现代建筑和城市人司空见惯的娱乐设施，尽可能多地打造田园山水、古朴典雅的乡村聚落和乡土建筑。

（3）旅游产品和项目应集中体现乡村自然风光、农事活动、民俗民风，加强对乡村旅游产品的深层次开发，以保持乡村旅游产品和旅游项目乡土气息的浓郁性和真实性。为了方便游客观光或参与，可将农事活动与旅游节庆活动结合起来，但切忌将农事活动商业化、城市化、庸俗化。

（4）对农民新村的规划，要坚持景观的乡土性与建筑功能的现代性相统一，尽量保持乡村优美独特的田园风光和自然和谐的乡村意境，保留乡村的传统村庄与乡土建筑。新建建筑，在建筑材料上应尽量选用乡土材料，充分体现自然、休闲、朴素、简洁的风格，突出环保化和生态化，避免城市化倾向，努力营造与城市社区截然不同的悠闲自在的生活方式和宁静祥和的生活氛围。

◆ 规划中我们应该只考虑自身的利益吗？

不应该。

（1）乡村旅游规划不仅要考虑规划区自身的利益，而且还要兼顾所在社区的整体利益。一方面乡村旅游规划作为一个行业规划，应在当地宏观发展规划的指导下，与其他行业如林业、水利、国土规划等相衔接的情况下进行。另一方面乡村旅游规划虽然是对某一区域旅游发展的规划，但其发展要以当地社区为依托，因此，规划时不能只顾旅游区的利益，更不能为了旅游业持续快速发展而牺牲周边地区和其他农民的利益。应综合平衡各种社会因素，调节各种矛盾冲突，不仅要使景区得以发展，而且还要使与之相关的周边地区都受益。农民生活环境的改善、生活质量的提高，是旅游规划得以顺利实施和旅游区长期发展的关键和前提。

（2）乡村旅游规划要经济效益、生态效益和社会效益相统一。不可否认，发展乡村旅游对提高农民收入、促进农村经济社会发展具有积极的推动作用，但同时我们也应看到，乡村旅游的发展会给乡村的生态环境、民俗文化和其他村民生活秩序带来一定的影响。

因此，乡村旅游规划应在促进农村社区协调发展和整体优化的指导原则下进行，兼顾经济、生态和社会三个方面的效益。科学合理的乡村旅游规划，应以保护优美、绿色的乡村田园风光，保护古朴、典雅的乡土建筑遗存，保护传统、朴实的乡村民俗文化，多层面、多角度地营造和谐、自然的乡村生态环境和社会环境，以更好地实现人与自然的和谐，促进乡村旅游业持续健康发展为己任。

◆ 目前我国的乡村旅游有几种形式？

目前，我国乡村旅游发展主要有以下 7 种形式：田园农业旅游、民俗风情旅游、农家乐旅游、村落乡镇旅游、休闲度假旅游、科普及教育旅游和回归自然旅游。

◆ 如何开展田园农业旅游？

田园农业旅游即以农村田园景观、农业生产活动为旅游吸引物，开发农乡游、果乡游、花乡游、渔乡游、水乡游等不同特色的主题旅游活动，满足游客体验农业、回归自然的心理需求，主要类型有：

（1）田园农业游。以大田农业为重点，开发欣赏田园风光、观看农业生产活动、品尝和购置绿色食品、学习农业技术知识等旅游活动，以达到了解和体验农业的目的。如上海孙桥现代农业观光园。

（2）园林观光游。以果林和园林为重点，开发采摘、观景、赏花、踏青、购置果品等旅游活动，让游客观看绿色景观，亲近美好自然。如四川泸州张坝桂园林。

（3）农业科技游。以现代农业科技园区为重点，开发观看园区高新农业技术和品种、温室大棚内设施农业和生态农业，使游客增长现代农业知识。

（4）务农体验游。通过参加农业生产活动，与农民同吃、同住、同劳动，让游客接触实际的农业生产、农耕文化和特殊的乡土气息。如北京小汤山的现代农业科技园、广东高要的广新农业生态园。

◆ 怎样发展民俗风情旅游？

民俗风情游即以农村风土人情、民俗文化为旅游吸引物，充分突出农耕文化、乡土文化和民俗文化特色，开发农耕展示、民间技艺、时令民俗、节庆活动、民间歌舞等旅游活动，增加乡村旅游的文化内涵。主要类型有：

（1）农耕文化游。利用农耕技艺、农耕用具、农耕节气、农产品加工活动等，开展农业文化旅游。如新疆吐鲁番坎儿井民俗园。

（2）民俗文化游。利用居住民俗、服饰民俗、饮食民俗、礼仪民俗、节令民俗、游艺民俗等，开展民俗文化游。如山东日照任家台民俗村。

（3）乡土文化游。利用民俗歌舞、民间技艺、民间戏剧、民间表演等，开展乡土文化游。如湖南怀化荆坪古文化村。

（4）民族文化游。利用民族风俗、民族习惯、民族村落、民族歌舞、民族节日、民族宗教等，开展民族文化游。如西藏拉萨娘热民俗风情园。

◆ 如何开展农家乐旅游？

农家乐旅游即指农民利用自家庭院、自己生产的农产品及周围的田园风光、自然景点，以低廉的价格吸引游客前来吃、住、玩、游、娱、购等旅游活动。主要类型有：

（1）农业观光农家乐。利用田园农业生产及农家生活等，吸引游客前来观光、休闲和体验。如四川成都龙泉驿红砂村农家乐、湖南益阳花乡农家乐。

（2）民俗文化农家乐。利用当地民俗文化，吸引游客前来观赏、娱乐、休闲。如贵州郎德上寨的民俗风情农家乐。

（3）民居型农家乐。利用当地古村落和民居住宅，吸引游客前来观光旅游。如广西阳朔特色民居农家乐。

（4）休闲娱乐农家乐。以优美的环境、齐全的设施、舒适的服务，为游客提供吃、住、玩等旅游活动。如四川成都郫县农科村农家乐。

（5）食宿接待农家乐。以舒适、卫生、安全的居住环境和可口的特色食品，吸引游客前来旅游。

（6）农事参与农家乐。以农业生产活动和农业工艺技术，吸引游客前来旅游。

◆ 怎样发展乡镇旅游？

以古村镇宅院建筑和新农村格局为旅游吸引物，开发观光旅游。主要类型有：

（1）古民居和古宅院游。大多数是利用明、清两代村镇建筑来发展观光旅游。如山西王家大院和乔家大院、福建闽南土楼。

（2）民族村寨游。利用民族特色的村寨发展观光旅游，如云南瑞丽傣族自然村、红河哈尼族民俗村。

（3）古镇建筑游。利用古镇房屋建筑、民居、街道、店铺、古寺庙、园林来发展观光旅游，如山西平遥、云南丽江、浙江南浔、安徽徽州镇。

（4）新村风貌游。利用现代农村建筑、民居庭院、街道格局、村庄绿化、工农企业来发展观光旅游。如北京韩村河、江苏华西村、河南南街村。

◆ 如何开展休闲度假旅游?

依托自然优美的乡野风景、舒适怡人的清新气候、独特的地热温泉、环保生态的绿色空间，结合周围的田园景观和民俗文化，兴建一些休闲、娱乐设施，为游客提供休憩、度假、娱乐、餐饮、健身等服务。主要类型有:

（1）休闲度假村。以山水、森林、温泉为依托，以齐全、高档的设施和优质的服务，为游客提供休闲、度假旅游。如广东梅州雁南飞茶田度假村。

（2）休闲农庄。以优越的自然环境、独特的田园景观、丰富的农业产品、优惠的餐饮和住宿，为游客提供休闲、观光旅游。如湖北武汉谦森岛庄园。

（3）乡村酒店。以餐饮、住宿为主，配合周围自然景观和人文景观，为游客提供休闲旅游。如四川郫县友爱镇。

◆ 怎样发展科普及教育旅游?

利用农业观光园、农业科技生态园、农业产品展览馆、农业博览园或博物馆，为游客提供了解农业历史、学习农业技术、增长农业知识的旅游活动。如广东高明蔼雯教育农庄、沈阳市农业博览园、山东寿光生态博览园。

◆ 如何开展回归自然旅游?

利用优美的自然景观、奇异的山水、绿色森林、静荡的湖水，发展观山、赏景、登山、森林浴、滑雪、滑水等旅游活动，让游客感悟大自然、亲近大自然、回归大自然。主要类型有：①森林公园；②湿地公园；③水上乐园；④露宿营地；⑤自然保护区。

五、乡村旅游资源的开发与利用

◆ 哪些资源可以用来开发乡村旅游？

广义地讲，乡村旅游资源包括多个方面，其中既有旅游者在旅游过程中最容易产生兴趣的事物和利用的特殊物质，也包括发展乡村旅游所具备的公共设施、社会环境和客源市场情况。狭义的乡村旅游资源，即包括自然资源和人文资源两个方面，也就是自然界中的客观存在与人类社会活动的历史产物这两个要素。

就旅游资源而言，与城市相比，乡村不仅蕴藏着丰富的旅游资源，而且几乎包含了所有种类，有很多资源城市无法与乡村媲美，这是乡村发展旅游产业的坚实基础。

乡村旅游资源大致可分为下面 7 个大类。主要包括：①山水环境资源；②气候环境资源；③生态环境资源；④田园环境资源；⑤经济物产资源；⑥社区环境资源；⑦非物质文化资源。

◆ 山水环境资源有哪些？

（1）地质地貌类型：我国乡村具备山地、高原、丘陵、平原和盆地等 5 大地貌基本类型，各种地貌都具有一定旅游价值，但又各有不同特点。

我国是一个多山的国家，山区占全国面积的 2 / 3，单纯从自然因素来看，山地的旅游价值最高，由于发育的不同，山地景观差异也很大，同时由于海拔高度、地表物质组成成分、物质结构、坚硬程度和风化程度各不相同，尤其是地壳运动产生的高山幽谷、地层凹陷、断裂地带，形成了峰、崖、柱、谷、洞、火山口、石墩、树林和花果等不同的自然景观。

平原、盆地由于历史的原因，往往人文旅游资源比较丰富，自然景观与人文景观容易融合成景。

高原以其神奇、幽秘和旷远，令人产生遐想。

丘陵起伏绵延，兼具山地、高原和平原的部分特征和综合要素。

（2）水体形态：我国从南到北，河流成网，湖泊棋布，仅地表水就分为江河、湖荡、海洋、溪涧、瀑布、急流、池塘、冰雪、泉眼等，此外还有一些地下伏流、泉水喷涌。其中仅自然形成的湖泊就有2万多个，都具备一定的景观价值。

如按成湖的原因又可以分为泻湖、构造湖、火山湖、冰川湖、河成湖、溶蚀湖、火山堰塞湖和风成湖，按水的成分划分为淡水湖、咸水湖。还有数以万计的人工水库。这些湖泊大多数与高山、丘陵相伴，山水相依，形成绿水青山、险壁深谷、深峡湍流、高山平湖以及龙潭、瀑布、跌水相映成趣的万千气象。

◆ 气候环境资源都有哪些？

我国疆域辽阔，南北地跨纬度近50°，地形上下高差几千米，不仅有寒温带、温带、暖温带、亚热带、热带和赤道带之分，在同一地区又因地形高差而形成明显的垂直气候带之别，同时由于受季风环境影响，形成各地区之间的气候差异，极大地影响了农业生产、四季物产、动植物、自然景观和人居环境、社会习俗等。

除了宜人的气候是发展乡村旅游的必备条件外，一些地方，特殊的气候条件还能形成特殊的旅游资源。如与山水资源组合形成的云海、佛光、彩虹、雪山、冰川、冰河、雾凇、海市蜃楼等。

◆ 生态环境资源有哪些？

生态环境资源常常被分为自然生态环境资源与人工生态环境资源两种。特别是全国已经列入管理的上千处森林公园、各种类型的野生动植物自然保护区和植物园等，有丰富的生物资源和繁多物种，有世界上罕有的奇花异草、贵兽珍禽，已经形成了较好的自然（人工）生态体系与稀有动物自然保护体系，成为现代人推崇的天然氧吧、植物园和野生动物园。

此外，我国还是一个多民族长期和谐相处、共同繁荣的大家庭，许多少数民族还保留了自然经济时代的生活环境与传统习俗，如浓郁的民族习性、民族风情和大量民俗节庆活动，甚至古代宗教与祭祀场所遗址等，也反映出人类早期的生态人文环境。

◆ 田园环境资源有哪些？

以乡村田园的农耕风貌为特色，以农民生产劳作与生活场景为主，所形成优美的乡村田园农耕景观，是全国多数乡村都具有的农耕文化和生活方式，也是乡村旅游发展中开发利用最普遍的本地资源。

耕田、梯田、水塘、河流、耕牛、牧童、菜花、绿树、芦荡、水车、瓜果植物等这些田园风光的主要意象，结合不同的山、水、林、田、村、镇等地形地貌、自然生态环境、人居环境、天象景观、季节特征以及劳作方式、农耕器具，形成动态和丰富多变的、不同时节迥异的景象，体现出人与自然的和谐相处以及乡村生活的四季节奏。

随着农业现代化的快速发展，各地不断新增的高科技农业、设施农业和集约化农业生产项目，甚至废弃的生产地、废城与聚落遗址，也成为游客满足好奇、探新、求知心理的游览目标。

◆ 经济物产资源有哪些？

以乡村随处可见稻、麦和草场等农牧作物为主，和时令杂果、瓜蔬、花卉、苗木、大棚、药材、牛羊牲畜、鱼塘、荷塘、简单副食品加工等特色经济作物、农副产品加工和畜牧业、禽业、渔业、水上养殖业等为特色，尤其是市场看好的经济物产，以及形成这些物产的条件和生产过程中所具有的景观环境。这类资源大多与生态环境资源、田园环境资源、社区环境资源和非物质文化资源相互依存，并发挥调节利用各种资源的作用。

◆ 社区环境资源是怎么一回事？

既有以古镇、古村、古街、古巷、古民居、特色民居、宗祠、庵庙、书院等为主的特色村庄建筑，也有以新型特色村落建筑为代表的社会主义新农村村容、村貌，还有乡村社区所特有的豆腐坊、酱醋坊、纸坊、茶场、粮食加工坊、水车、水井、驳岸、草垛、晒场和庭院植物、家禽等具有典型农耕文化特色的乡村聚落景观，以及蕴涵其中的乡村非物质文化资源，构成不同社区风格的生活方式，是旅游开发中重要的依托和节点。

◆ 物质文化资源是怎么回事？

以在自然经济时代所形成的樵、耕、渔、读和家居、饮食、婚丧、嫁娶、交往等方方面面的民俗、风俗、节俗以及民族习俗为主，包括乡村传统的餐食小吃、独特的地方戏曲小调、历史传说、名人逸事、传奇故事、宗教信仰、手工技艺、物产加工技艺，历史事件发生地和军事遗址等，这类资源普遍存在于社区环境、田园环境和经济物产等所有资源之中，是乡村旅游的灵魂和重要吸引核心。

◆ 如何利用自己的资源开发出特色乡村旅游产品？

乡村旅游产品和游客游玩方式具有多样性的特点，很大程度上是由于在不同的资源条件下，采用了不同的资源利用方法，所开发出来不同的乡村旅游产品。比如内蒙古草原开发的一些旅游项目，尽管类型和一般的游玩方式大体相同，基本上都是住蒙古包、喝奶茶、烤全羊、吃牛羊肉、骑马、篝火晚会等等。

但是仔细比较，其中有不同之处。如骑马是草原上最典型、最流行的游憩康体运动，但是有些地方是让游客在适应了马的习性以后，随牧民一起纵马放牧，跑一段山路；有些则是与牧民一道骑马去游览寺庙，观赏敖包；

而有些仅仅是由牧民牵着马在草原上溜圈子。

从中看出资源大致相同的地方，也有资源的个性化、资源的主次关系、资源的利用次序的不同，以及乡村旅游区（点）与周边城市距离、社会环境、经济发展状况、市场基础、交通状况和受到投资者、经营者们主观认知等诸多因素的影响，从而形成了各自不同的特点。

◆ 以江南农村文化和新乡村风貌为核心怎样打造旅游资源？

江苏省常熟市蒋巷村以江南农耕文化和新乡村风貌为核心，巧妙包装整合了诸多资源，形成了包括自然生态、人工生态、田园风光、农家餐饮、乡村风情、历史文化、民俗文化等不同层次旅游产品形态与结构，具有观光、度假、休闲、娱乐、美食、康体、科普、会展等多种功能，推出的社会主义新农村探访、“当一天蒋巷农民，过一天农家生活”的农家乐，深受城市游客的欢迎，成为极具示范意义的现代化社会主义新农村。

蒋巷村——这是一个典型的全国文明村，农业、工业、生态环境、居民居住条件和村容村貌建设，都超过了全国农村现代化建设示范村的各项考核指标，温家宝总理、曾庆红副主席先后前来视察。在发展乡村旅游的定位上，蒋巷村突出了社会主义现代化新农村的形象，在开发中其资源利用有独创性：

生态湿地、鱼塘（水资源）——生态养鸭塘、垂钓休闲区、脚踏船、九曲桥、江南石拱桥、荷花荡、水乡风光、农民乐园、竹楼茶室；

四季花香（气候、生态资源）——春桃花、垂柳、菜花，夏芙蓉、荷花，秋菊花、红枫，冬香樟、翠竹、腊梅，生态种养园、果园；

阡陌良田（田园资源）——江南田园风光、农耕劳作场景、无公害粮油生产基地；

禽、蛋、瓜、果（物产、生态资源）——优质有机大米、生态家禽（蛋品）、乳鸽、油桃、雪枣、冬笋、鱼虾等；

新农村风貌（社区资源）——村民新家园（乡村别墅群）、村民蔬菜园、老年公寓、工业园、蔬菜园、小学、幼儿园、服务中心、医疗保健中心、宾馆、农民剧场、商业服务区、养殖场、生活污水处理站等；

村史风俗（非物质文化资源）——传统教育展览馆、民俗馆、农艺馆、地方戏曲小调、邻里关系。

◆ 以原生态为核心怎样打造旅游资源？

贵州省黔东南从江县岜沙村，保持了较好原生态和具有神秘色彩的苗家村寨。全村由5个自然寨组成，相传为蚩尤第三个儿子的后裔，属于苗族中的一个支族，寨民们既享受着现代文明，又保持着古老的原始习俗。其乡村旅游的定位，抓住了古代武士彪悍装束的岜沙男子最典型的习性——“中国最后一个枪手部落”，并且围绕岜沙人以树为神的古老崇拜，挖掘整理出一整套原始习俗和游客乐于观赏、参与的展示活动，烘托出村寨原始、古老与奇特的形象，在海内外社会学界和旅游界有苗族原生文化“活化石”和“天然博物馆”之誉。

在资源的精心筛选中，几乎原汁原味提炼出了岜沙苗寨的个性特征：

青山秀水（山水、生态、田园资源）——苗寨山林田园风光、寨民农耕劳作场景；

绿荫花香（生态、气候资源）——古木巨树、古香樟林、密林游步道、四季花果；

村寨特产（生态、物产资源）——苗家饭菜、烤鱼鸟、蒸米酒、鲜果时蔬品尝，银饰手镯、手工钢制针盒、刺绣猎袋、竹编饭盒、牛角火药筒、工艺葫芦；

苗家聚落（生态、社区资源）——树皮屋民居、木制栏杆式吊脚楼群、晒谷场、山林情歌广场、禾晾架群、敬献毛主席纪念堂香樟木纪念亭、古芦笙堂、祖母石、粮仓、先祖神灵木荷树、土法染布坊等。

开发中吃透了独特的古苗文化精髓，无论是对主题定位的提炼与把握，还是对资源的取舍与旅游形态的转化，都抓住了岜沙2000多年的历史脉络与灵魂，贯彻了保护原生态、挖掘原生态、演绎原生态、展示原生态的原则。

六、特色乡村旅游产品

乡村旅游产品有什么特殊性?

（1）乡村性。从根本上说，乡村的吸引力源于其与现代城市环境形成显著差异的乡村特征，而乡村旅游产品追求乡村世界的本来面目，源于乡村环境和乡村资源，与乡村的自然生态环境融为一体，紧密结合，时刻给游客留下美好的遐想和诗一般的画意。因此，乡村性是乡村旅游产品的核心和本质特性。

（2）文化性。乡村旅游产品开发所依托的民俗文化是原始生态观的反映，这种反映与田园风光的实际相对照，构成了乡村旅游产品的原始田园生态文化特性。我国农业拥有 5000 多年的发展史，有着浓郁地方特色的民俗文化，丰富多彩的乡村民俗风情，风格迥异的乡村居民建筑，正是独特的文化底蕴成就了乡村地区的独特魅力。

（3）参与性。乡村旅游形式多样，具有以各种农业资源为依托的多种休闲、体验项目，有较强的实践性和参与性。让游客在躬耕田园的悠然自得中融入乡村生活、品位民风民俗、感受传统文化，获得与城市居民常规生活截然不同的体验。这种回归大自然的体验正是乡村旅游产品的一大亮点。

（4）知识性。乡村旅游作为探知我国传统文化的有效手段和传承传统文化的最佳途径，有较强的专业性和知识性。通过观赏乡村的自然环境并参与农事活动和民俗节庆，游客可以了解农业文化、感受农业景观的户外教学，接受农业和民俗科普教育，这是其他旅游方式所不具备的知识特性。

◆ 正确认识乡村旅游产品的特殊性有什么好处？

（1）正确认识乡村旅游产品的特殊性是实现乡村旅游产品升级，提升乡村旅游产业的前提。游客个性化、体验化的需求转变，对乡村旅游产生一定的冲击，尤其对传统的观光型乡村旅游产品，逐渐缺乏兴趣，重游率低下。正确认识乡村旅游产品特殊性，有利于开发丰富多样的产品，满足游客多种需求，可以推动乡村旅游产业提升，朝更高层次发展、形成品牌效应。

（2）是抢抓旅游业发展带来的机遇，促进乡村旅游业又好又快发展的必然要求。随着城市居民向往乡村、觅得童趣的需求日益强烈以及休假制度的调整，乡村旅游正如火如荼地在各地展开。认识乡村旅游产品特性，可以有效整合现有旅游资源，创新乡村旅游产业发展思路，采用切实可行的发展模式，推动乡村旅游业成为区域经济新的增长点，实现可持续发展。

（3）积极推进乡村旅游业发展，是促进新农村建设的内在要求，使之成为建设新农村的新举措，农民致富的新途径。我国是农业大国，新农村建设任重道远，乡村旅游业作为推进新农村建设的最佳切入点和突破口，可以创造就业机会，增加农民收入；带动农村相关产业的发展，优化产业结构；有利于农村精神文明建设和农民素质的提高，促进社会进步。

◆ 乡村旅游产品与其他旅游产品有什么区别？

传统理论将旅游发展归结为三段论，认为观光—度假—专项旅游是旅游需求发展的递进。从旅游动机看，观光寻求对神秘的感知，度假追求身心的享受，专项要求对世界的认知。乡村旅游具有集农业观光、休闲度假、民俗文化于一体的旅游综合功能，在一定程度上可算是专项旅游。

乡村旅游产品与观光产品、度假产品相比，最大的区别在于乡村游客具有高度参与性、与旅游氛围的深入融合性、与旅游环境的亲密接触性，期望置身于一种与日常生活截然不同的环境中，追求一种不同于城市的生活方式，获得不同于常规生活状态的休闲与放松。而观光突出视觉第一，以参观游览各种自然与文化景观为主；度假强调“放松”，通过各种方式和活动获得生理和心理的“放松”。

◆ 乡村旅游产品有几种类型？

乡村旅游产品主要有体育运动极限游、康体养生保健游、民风民俗体验游、农业认知生态游、乡村休闲度假游、乡村商务会议游、乡村“无景点休闲旅游”和乡村专题旅游系列等。

◆ 乡村休闲度假游是怎么回事？

欧美发达国家的旅游者最喜欢的旅游方式是度假，乡村度假成为仅次于海滨度假的第二大度假产业。许多受教育水平较高、经济条件较好的人每年都到乡村地区小住一段时间。他们到乡村欣赏田园风光、进行农事劳作，以达到放松身心、享受休闲、锻炼身体的目的，因而是一种较高层次的旅游行为。这代表着国际乡村旅游发展的趋势，也是我国乡村旅游未来发展的方向，可开发分时度假、庄园式度假等多种产品以满足各种度假休闲的需要。

◆ 康体养生保健游是怎么回事？

随着生活节奏的加快，绝大多数人终日劳心劳力，处于亚健康及高压力状态下，相继引发“文明病”、“慢性病”，普遍希望能在旅游休闲中以疗养、康乐等形式来消除疲劳、修炼秉性、增进健康。作为开展康体养生旅游主战场的乡村地区，环境怡人、阳光充足、空气清新、负氧离子含量高，有着较好的康体保健功能。乡村观光园、乡村野营地、乡村保健中心、乡村度假休闲地、登山区等项目的建设将有助于提升乡村旅游的品位和质量，发挥乡村对人类康体保健的独特功能。

◆ 民风民俗体验游是怎么回事?

市场经济时代，旅游者的需求特征正发生转变，他们希望主动参与产品设计和生产的全过程，注重其中的感受和体验，尤其与文化旅游相结合，更能构成强烈的吸引力。今后的乡村旅游应依托质朴的田园生活、浓郁的民俗风情和丰富的乡土文化，注入体验要素，深入开发以民风民俗为核心的深层次体验活动，丰富和提升乡村旅游文化内涵，从而符合现代旅游业高文化品位、强体验需求的特征。

◆ 农业认知生态游是怎么回事?

乡村认知生态旅游产品是乡村旅游与生态旅游相结合的专门层次，是探索和认知大自然的高层次旅游产品，具有教育功能，也是今后乡村旅游业的提升方向。乡村最能吸引旅游者的是淳朴、神秘的人文旅游资源。旅游者通过被动、主动地学习和思考提高修养，产生对自然的敬畏，更自觉地关爱自然与环境，使乡村旅游开发与环境保护形成良性互动，并最终促使人类与各种生物和谐共处在大自然中。

◆ 体育运动极限游有哪些?

调查表明，受城市旅游活动的影响，乡村旅游也具有主动参与、竞争、时尚、现代和快节奏的需求特征。定向越野、攀岩、户外拓展、乡村狩猎、真人CS、生存游戏、漂流、冲浪、帆伞运动、喷汽船等冒险旅游和体育旅游等成为挑战极限、追求个性和时尚的年轻一代感兴趣的旅游方式。有条件的乡村旅游地区可根据实际情况开发此类产品，必将成为人们的新宠。

随着旅游方式和旅游内容的不断扩展和更新，作为旅游服务业的一个分支和充满生机的新领域，乡村旅游也将与时俱进，不断地寻求最佳的方式来满足人们的需求，从而实现可持续发展。

◆ 乡村商务会议游是怎么回事?

将商务会议活动引向乡村是商务会议活动的一种崭新的尝试，也是商务会议发展的一种趋势，而且可降低商务会议的成本。在一些大城市郊区、自然条件优越、基础设施有一定基础的乡村地区，可开发商务会议游，吸引中小型商务活动、中小型会议，特别是行业内部协作会议、企业内部年会和城乡商贸会议。随着农业产业化的推进和农村经济的不断发展，乡村商务会议游必将迎来越来越广阔的市场。

◆ 乡村“无景点休闲旅游”是怎么回事?

所谓“无景点休闲旅游”是指旅游中并无特定的景点，游览线路十分随意，具有边旅游边休闲的特征，是近年休闲旅游发展中的一种新趋势。大部分乡村并无明确的旅游景点，但乡村整体的环境吸引力很强，游客可以在乡村大空间里随意游走，一边欣赏沿途乡村美景，一边可以和朋友谈论或者做自己感兴趣的任何事情，轻松随意，类似一种“移动的度假”。

◆ 乡村专题旅游是怎么回事?

各类专题旅游是乡村旅游向更深层次发展的要求和形式，也是乡村旅游市场越来越细分化的结果。结合市场需求，目前阶段可开发的乡村旅游专题有：乡村传统节庆旅游，农产品博览会游，乡村购物游，乡村音乐之旅，民间美食之旅，乡村工艺品鉴赏、制作之旅，乡村摄影、写生、乡村文学创作之旅，乡村老年休养农庄，乡村影视基地等。

◆ 乡村音乐之旅可包括什么内容?

乡村音乐之旅包括：乡村音乐会欣赏、乡村音乐培训班、乡村音乐历史文化、乐器展览、乡村音乐交流会、乡村音乐创作会、乡村音乐比赛。

◆ 乡村美食之旅有哪些?

乡村美食之旅包括：品尝民间传统特色美食、民间美食烹饪培训班、美食烹调大赛、民间美食节、美食食材鉴别与采购、民间美食知识讲座。

◆ 乡村旅游产品为什么要具有多样性?

目前我国乡村旅游产品过于偏重于田园观光类和农事活动参与类，田园观光类和农事参与类产品也主要局限于以农户家庭接待为主，对乡村地域的自然风光和民俗文化挖掘不够。因此，应充分利用乡村旅游与传统旅游的不同，全方位考察乡村特殊的自然环境优势和人文环境特色，开发设计多样化的产品线，形成包括观光、体验、度假、康体、运动、商务、修学教育及各类专题旅游产品系列。在每一系列产品线下创新开发特色鲜明、内涵丰富的多样化旅游项目，从多方面满足旅游者需求，拓宽市场面，增加销售额，提高乡村旅游的经济效益和社会效益，减少旅游市场变化带来的风险，提高乡村旅游适应市场需求的能力。

另外，我国乡村旅游现处于旅游市场的低端，主要体现在其产品价格低廉、质量不高。游客对乡村旅游的认知也普遍是低档旅游产品。而事实上，发达国家的乡村旅游产品的层次是较高的，我国游客将乡村旅游视为低档旅游产品是一种误解。为修正乡村旅游在游客心目中的低端产品印象，同时完善乡村旅游自身的产品线，推出中、高档乡村旅游产品线，使乡村旅游产品在低（如观光、体验类旅游）、中（如康体、运动类旅游）、高（如度假、俱乐部式、商务会展类旅游）三个档次都有可供旅游者选择的产品，适应不同层次的市场需求。

◆ 乡村旅游产品如何设计才能吸引更多的游客?

旅游者的需求常常是多重需求，特别是在旅游业发展尚不是特别成熟的我国，旅游者乐于追求一次旅游中的多重旅游体验经历。因此，乡村旅游地应结合自身的特色和优势，将不同内容和形式的乡村旅游产品进行恰当的组合，形成功能复合型的乡村旅游产品组合。比如：可以组合成“乡村观光＋度假”、“乡村观光＋商务会议”、“乡村商务＋会展”、“乡村康体＋运动冒险”、“乡村观光＋乡村体验”、“乡村体验＋修学教育”、“乡村观光＋技能培训”等“1+1”、“1+2”、甚至“1+3”的产品组合，使乡村旅游既有单一主题的产品，也有多重主题或一主一辅、一主二辅等复合型产品。单一主题产品可以满足需求单一、旅游时间较短如周末游的游客需求，复合型产品则适宜满足需求多重化、旅游时间充裕如黄金周或带薪假游客的需求。

◆ 如何将乡村旅游产品与其他旅游产品进行组合?

我国的乡村旅游尚处于发展阶段，乡村还远未成为大众旅游者的主要目的地或最优选择地之一，很多地方的乡村旅游都是在大城市周边（郊区）或著名旅游景区外围发展起来的，或者说这些地方乡村旅游的发展仍然一定程度上依赖于大城市或著名景区的强大吸引作用。鉴于此，乡村旅游的发展应注重与城市及风景名胜的区域合作和联动。

对于城市郊区型乡村旅游地，应充分利用大城市的吸引效应，与城市旅游产品组合成“城市—乡村旅游”复合型产品；对于景区型乡村旅游地，则应依托景区，与景区旅游产品组合成“景区—乡村旅游”复合型产品，使乡村旅游尽可能成为城市或景区旅游中的辅助产品，这样乡村旅游不仅能吸引本地城市游客，还能吸引外地游客通过这些城市或景区来乡村旅游。

◆ 为什么乡村旅游产品应该注重创新？

从整个中国来看，乡村旅游的发展时间不长，产品开发仍停留在浅层次，只有少数地区开发出了对游客极具吸引力的旅游产品，如北戴河附近的乡村乐园。这就要求乡村旅游必须创新，只有不断创新，通过深度挖掘乡村旅游资源的特色，逐渐扩大产业链条，才能够开发出更具吸引力的乡村旅游产品。

◆ 为什么旅游产品的开发与市场息息相关？

旅游产品开发与营销都应该以市场为导向，离开了市场，旅游产品无法具有较强的吸引力，不能带来经济效益、社会效益和生态效益。我国乡村旅游产品开发应牢固树立以游客为中心的营销理念，时刻把握市场脉搏，深入洞察游客需求，并以此作为旅游产品开发的首要原则，必然会促进我国乡村旅游的良性发展。

◆ 我们应该怎样做才能留住游客？

目前，我国乡村旅游产品的开发尚处在粗糙、低层次阶段，无法激起更多游客的消费欲望，回头客少，因此，无法做到持续发展。乡村旅游产品应在保留原田园风光、自然景观、乡村风情的基础上，按照高标准、高品位、精品化的原则，充分挖掘特色旅游资源的内涵，精心打造、包装，集中有限的人力、物力、财力上精品项目。只有按照精品工程原则开发我国的乡村旅游产品，才能留住游客。

◆ 乡村旅游产品怎样做才能让游客满意？

产品应该注重人本主义。人本主义强调以人为本，把人的需要放在第一位。旅游产品的开发一定要以游客的实际需要为出发点，时刻关注游客需求的变化，在此基础上，开发出适销对路的旅游产品。在目前，我国乡村旅游的发展如火如荼，但并非所有的乡村旅游产品都考虑到了游客的真正需求，这种简单的产品复制，在一定程度上造成了乡村资源和环境的破坏，不利于乡村旅游的大发展。乡村旅游产品的开发只有在关注细节的基础上，开发出游客真正需要的旅游产品，才能使游客有好的体验，做到让游客满意。

◆ 旅游产品的开发为什么要注重持续发展?

我国乡村旅游产品的开发，应该遵循“保护为主，开发与保护相结合”的总体思路，在保护的基础上进行科学、合理和适度的开发。乡村旅游的发展，主要是依托农业资源，如果在旅游产品开发的过程中，不注重对资源的保护，不加强对乡村生态环境的保护和建设，急功近利，鼠目寸光，就会给我国乡村旅游的发展带来致命打击。

◆ 应该开发不同形式的乡村旅游项目吗?

是的。为增强乡村旅游产品的吸引力，应根据当地旅游资源的特色，针对不同的消费者需求，在原有的农业观光、“农家乐”的基础上，设计开发不同形式的多样化和差异性的乡村旅游项目。

（1）有的乡村地区兼有山地、平原、河流、湖泊等多种地貌和水文类型，可利用这些条件开发定向越野、漂流、划船、垂钓、滑伞及空中滑翔等多种运动项目，满足游客尤其是青少年游客的运动和冒险的体验需求。

（2）还可利用乡村特有的资源，开展一些趣味性观赏项目，如笨猪赛跑、野鸭放飞、斗鸡表演等。

（3）开展农家牲畜饲养、田园采摘、菜园栽种、纺纱织布、制陶、酿酒等农家劳作项，给游客提供参与和体验农村生产和生活的空间，感受不同的生存方式。

（4）应针对不同游客群推出不同的旅游产品，如针对中老年人可推出“乡村怀旧”的观光和体验型旅游产品。

（5）针对城市青少年可推出“农村知识修学游”。

（6）针对城市家庭可提供“欢乐家庭农家度假”旅游产品，等等。

此外，旅游系列产品的开发应坚持高、中、低档型相结合，满足不同消费水平游客的需求。

◆ 怎样做才能使乡村旅游产品体现自己的特色？

俗话说：“一方水土养一方人。”愈是乡土的愈是有个性，愈是本土的愈有特色。因此，对乡村旅游产品开发时，应更多地考虑地域的乡村民俗、怀旧的节事、农事农活、家乡菜等乡土化的素材。在实施产品策略时，必须采用新思路、新方法，提升产品的质量。

◆ 如何使乡村旅游具有独特吸引力？

乡村的小桥流水、田园牧歌，乡村纯朴、自然、悠闲的生活方式，那种安静是城市游客参加乡村旅游的主要动机之一。也就是说，乡村性和地方性是乡村旅游的核心吸引力，是乡村旅游整体推销的核心和独特卖点。如果将乡村旅游点建设成为一个个小城镇，使得最受城市居民青睐的乡村风貌、乡情野趣大受影响，那么乡村旅游的吸引力也就不存在了。

依托优美的乡村自然环境、挖掘浓郁的地方特色，展现真实的乡村生活，是发展乡村旅游的基本条件，也是开发乡村旅游产品的基本要求。乡村旅游最主要的特色是简约质朴的生产、生活环境，包括秀美的山水、清新的空气、淳朴的民风、奇特的民俗、精美的服饰、典型的建筑、绿色的饮食、舒缓的节奏等。乡村旅游地是否具有旅游吸引力是成为旅游景点区域性优势竞争力的关键，唯有掌握旅游吸引力，创造“人无我有”、“人有我优”、“人优我特”的独一无二的地区特色，才可能具有地区竞争力甚至国际竞争力。

所以乡村旅游在开发中要注重对原汁原味的乡村本色进行保护，强化经营的特色和差异性，突出农村的天然、淳朴、绿色、清新的环境氛围，强调天然、闲情和野趣，努力展现乡村旅游的魅力，达到乡村旅游的最高境界：人依然，物依然，事依然，功效则迥然。

◆ 我国特色乡村旅游产品有哪些？

主要有乡村观光之旅、会议度假之旅、渔家休闲之旅、乡村体验之旅、乡村民俗之旅、节事庆典之旅和科技鉴赏之旅等。

◆ 我国开发乡村观光之旅有哪些有利条件？

我国有着无限美好的自然风光，青山秀水、绿色田园是其自然景观的典型代表，为乡村观光游提供了良好的基础。我国众多的优美自然山水，使游客能够感受到无比的惬意。我国中部地区、东北平原、华北平原等地的田园风光也是一道靓丽的风景线；我国众多的自然山村，能够给人无限自然的美好享受。如此具有乡野情趣的景致，都可以使游客抛开都市的喧闹与压力，使身心得到彻底释放。

◆ 为什么要开发会议度假之旅？

该旅游产品的开发主要以我国的诸多度假村和度假山庄为依托来进行。这些度假村和山庄的生态环境优美，交通条件较好，设施设备完善，是都市白领、商务人士、政府机关等理想的会议度假场所。度假村和度假山庄周边美好宁静的自然风光，可使都市白领摆脱城市的喧嚣，身心安宁，融入自然。在乡村度假村和度假山庄进行商务会议及其他商务活动，商务人员和会务人员心情舒畅，可以提高工作效率。

◆ 如何开发乡村体验之旅？

“卖的就是体验。”我国乡村旅游要在乡村体验旅游产品方面下足功夫。目前，游客参与乡村旅游，不仅仅只是获得感观上的享受与认知，而更多的是希望多参与一些乡村体验活动，让自己在轻松的节奏中，忘却城市的紧张、忙碌和压力。游客可以进行传统的农事体验活动，种植蔬菜、采摘果实、进行垂钓、吃农家饭、住农家屋、做农家活、娱农家乐。

◆ 如何开发渔家休闲之旅？

渔家休闲之旅的旅游产品主要以我国众多的鱼塘、渔业科技园等为依托，开发设计和旅游活动相结合的现代渔家休闲项目，这是一项需要重点开发的产品。在这些乡村旅游地，游客既可以选择到具有优雅环境的岸边垂钓，又可以选择和当地的渔民一起出航撒网捕鱼，体验渔民的乐趣；既可以选择参观龟、鳖、淡水鱼、虾、蟹等的养殖和繁衍过程，又可以选择亲自参与捕捞；既可以选择品尝当地度假村里的鱼类美食，又可以选择亲自动手烹饪。

◆ 怎样开发乡村民俗之旅?

乡村民俗旅游是任何乡村旅游目的地都会涉及和考虑的旅游产品，结合我国乡村旅游的发展现状，重点注重传统乡村民俗旅游产品的建设。同时，在重点区域选择重点村落进行有针对性的民俗旅游产品开发，如在湖北省就可以充分开发“打糍粑”、“做年糕”、“娶新娘”、“拜菩萨”、“踩高跷”、“舞狮子”、“玩龙灯”、“划彩船”等地方特色民俗旅游产品。

◆ 怎样开发节事庆典之旅?

我国乡村节事庆典旅游产品的开发可以和民俗旅游产品的开发相结合，使游客充分领略我国乡村的民俗风情和特色的乡土文化。节事庆典的举办，应该做到内容丰富，形式多样，参与广泛。

在春节前后，可以举办乡村美食节；春满花开时可以举办特色田园婚礼节，如难忘田园婚典、经典婚纱摄影、风情乡村蜜月；荷花盛开时可以举办别开生面的荷花节；夏天瓜香满园时可以举办丰富多彩的蔬菜节；秋高气爽果香满林时可以举办无限乐趣的采摘节。

同时，还可以依托湖泊资源举办鲜鱼节、螃蟹节、垂钓节等内涵丰富的经典节事。此外，还可以争取和大型企业、政府机关等合作，举办各式的庆典活动，广泛吸纳游客参与。

◆ 如何开发科技鉴赏之旅?

该旅游产品主要以我国众多的农业科技园、高科技农业园区等为依托，整合资源，开展特色的乡村科技之旅，使游客能够获得对乡村科技的认知。通过开发科技展示旅游产品和现代农业科技旅游产品，可以使游客对乡村科技有更为深刻的认识，达到鉴赏乡村科技旅游产品的目的。

七、特色乡村旅游的市场营销

◆ 乡村旅游营销价格的定价方法有哪些？

（1）成本导向定价法。以成本为基础，加上预期利润，结合销售量等有关情况确定价格水平，是乡村旅游最基本、最普遍的定价方法。

（2）需求导向定价法。这是以市场对产品的需求强度作为定价基础，结合成本、收入变动关系确定产品价格。

（3）竞争导向定价法。针对竞争对手同类产品的价格，确保自己的产品价格与竞争对手相比具有竞争优势。

（4）心理导向定价法。这是企业为迎合消费者的消费心理需要采取的定价策略和方法。如一条龙服务的价位宁可定为 99 元而不定为 100 元，一是适应消费者购买心理的一种取舍，使消费者产生一种价廉的错觉，二是迎合消费者喜欢吉祥数字的偏好。

◆ 特色乡村旅游如何差别定价？

差别定价主要有 3 种方式，即：①经营者对每一单位旅游产品收取不同的价格；②旅游产品经营者对一定数量的产品收取一种价格；③旅游产品在不同市场上或对不同的人收取不同的价格。乡村旅游产品的定价策略可以采取前两种。

乡村旅游如果以递减的差别定价方式，就可以减少游客的消费成本，迎合游客的消费心理，加大吸引力。乡村旅游可以实行淡旺季两种价格标准。我们可以在此基础上本着薄利多销的原则，实行递减式定价。比如说（实际标准要测算，下同），以淡季100元一个标准间为例，游客连续住3天，第一天100元，第二天80元，第三天60元。就餐标准也相应实行递减式收费，增加游客的消费欲望，使其尽可能多地消费旅游产品。

◆ 乡村旅游如何捆绑定价？

捆绑定价是将两种对同一游客偏好不同的旅游产品捆绑在一起定价。在旅游市场上，这两种产品有着明显的差异。举例来说，如乡村旅游的生态观光和民风民俗体验，前者为地面自然风光，后者为人文景观。假如二者门票均为20元，甲、乙游客喜好不一，甲游客迷恋于乡村生态的清新、原始，基于消费成本，只愿消费前者而放弃后者。乙游客则钟情于当地传统的文化历史和民族风情，消费行为正相反。他们各自认为消费自己喜爱的是物有所值。不难看出，单独定价，甲、乙消费各为20元，两个旅游产品的营销收入为40元。如果将两者捆绑在一起定价销售，价位定在30元，则甲、乙均选择消费，营销收入为60元，大于单独定价。

◆ 乡村旅游如何转移定价？

转移定价也叫隐藏定价，通常是将一种旅游产品价格定的较低，通过产品之间的连带效应，使游客在其他产品消费中，补偿前一种产品的损失。在乡村旅游线路的设计时，要有区别地选择整合，同时以较低的交通费用或者免费作为引诱产品。比如可以设计让游客免费乘坐乡村独有的马车、牛车看乡村风光，提高游客的消费欲望，加大营销力度。

乡村旅游产品的定价策略在营销战略中灵活多变，没有固定的程式，关键是要根据旅游市场的实际情况，有区别地运用，做到有分有合，分合恰到好处，以获取最大的营销效益为目的。

◆ 形成乡村旅游趋势的原因有哪些？

（1）我国是一个人口大国，进入20世纪80年代以来，国内旅游已形成了一股社会潮流，越来越多的人希望外出旅游。仅靠几个旅游胜地，无论如何都是容纳不了这种需求的。“乡村旅游”以其广泛性、多样化及经济性满足了人民日益增长的旅游需求。

（2）工作繁忙，时间紧张。虽然我国人民的余暇时间有了较大的改善，但毕竟我国还属于发展中国家，还处于市场经济的初级发展阶段，生产力的发展还较多地依靠工作时间以及人力资源的积累。因此，我国的城市居民目前还比较繁忙和紧张，还没有充裕的时间到相对较远的地方旅游和度假。近郊的乡村旅游就成为首选。

（3）我国基础设施，尤其与旅游直接相关的民航、铁路、公路、航运交通业还很不发达，限制了旅客远距离旅游。乡村旅游在这方面却有一定优势。

（4）虽然我国已进入小康社会，但对于大多数城镇居民来说，扣除吃、穿、用等必需消费后，真正能用于行和游方面的消费并不多。多数人在旅游消费上选择“价廉”的旅游方式。

◆ 谁会成为乡村旅游市场的主要客源？

城市居民构成目前我国乡村旅游市场的主要客源。城市人口的数量、结构、家庭状况及其变化趋势，将对乡村旅游产生整体性、长远性和决定性的影响。

首先，人们收入水平提高是国内旅游需求旺盛的首要客观因素。我国改革开放后，尤其是进入 20 世纪 90 年代以来，人们的生活水平特别是城市居民的生活水平有了明显的改善。其次，闲暇时间增多是导致国内旅游需求趋旺的第二个客观因素。1995 年实行新的劳动工时制度以来，我国居民的余暇时间迅速增加，职工每年的法定休息日达 111 天，约 16 周，占全年日数的 30.4%。如果加上各单位的职工公休假、特殊节假日、学生及教育工作者的假期，人们的余暇时间就更多了。

据联合国有关统计资料显示：社会各阶层拥有的余暇时间数量不同，贫穷阶层 3600 ~ 6400 小时 / 年，小康阶层 6400 ~ 6816 小时 / 年，富裕阶层 6816/ 年以上。而我国目前人均拥有余暇时间达到了 6500 ~ 6700 小时 / 年，已经进入了拥有余暇时间的小康阶层，即平均每天拥有 17.81 ~ 18.36 小时的余暇。面对国内旅游热潮，国内游客的流向值得探讨，我们认为：到乡村去，将是我国很长一段时间内旅游业的主要趋势。

◆ 谁会是乡村旅游市场的重要客源？

城市里先富起来的一部分人。这些人包括：个体业主、企业家、商人等，在大部分情况下，这些相对比较富裕的游客群体到乡下去，除了放松身心外，主要是利用乡村的环境和地理优势，用以招待客户和联络感情，在出游形式上，这部分客人大多自己有车，经济宽裕，是目前乡村旅游市场非常重要的客源对象。

◆ 周末工薪阶层乡村旅游市场情况如何？

实行每周 5 天工作制以来，人们的自由时间明显增加，给近距离旅游创造了很好的条件。随着交通状况的不断改善，城市上班族在周末走出城市、投身乡下已经成为一种时尚。为适应这一潮流所做的乡村旅游开发，势必有很大的市场发展潜力。这部分客源的出游，大多数是单位组织或以同学、朋友聚会的方式，数量通常较大，但消费不算很高。

◆ 为什么城市学生也会成为乡村旅游市场的主要客源？

乡村是一个教育学生的大课堂、一部百科全书，能使学生从中认识自然、认识历史、认识城乡关系，树立学生正确的价值观和人生观。在强调素质教育的今天，越来越多的学生不再满足于课堂上的学习而热衷于到大自然中去探询和体验。如何有针对性地开发一些适合城市学生这种修学需要的旅游项目，寓教育于审美，寓教育于娱乐，也是乡村旅游开发值得探讨的问题。

◆ 家庭出游的乡村旅游市场是如何形成的？

以家庭为单位，利用各种假期到乡下旅游，主要是让孩子到父母亲过去长大和曾经生活过的地方去，是让孩子能有机会体验一下在城市里已经很难感受得到的大自然的风光，让全家能够到一个僻静的地方举行特别的家庭聚会，已经成为当今城市家庭享受天伦之乐的一种重要生活方式。

◆ 离退休职工的乡村旅游市场是如何形成的？

在我国，由于城市发展的历史一般都比较短，而城市中的老年人有很多是来自农村的，他们对农村有感情，对农村的发展也比较关心。还有那些虽出生并一直工作在城市里却喜好乡村宁静环境的离退休职工，都是乡村旅游不可忽视的潜在市场。

◆ 为什么乡村旅游要开发入境游客市场？

对于东方古老国度的神秘感，始终是吸引西方游客的源泉。因此，面对来自旅游城市的外国游客所进行的乡村旅游开发，是增强城市的综合旅游吸引力，丰富旅游者旅游经历，提高旅游创汇能力的重要举措。

◆ 游客对乡村旅游的需求有哪些？

（1）回归自然趋向明显。长期生活在都市的人们希望通过乡村旅游暂时远离喧嚣的生活环境，寻求一种回归自然的享受，并通过参与各种农事活动获得身心的放松和娱乐。

（2）求新求知的要求。当今社会，长期生活在都市的人们特别是少年儿童缺乏对于农村、农事和大自然的基本了解，这就促使许多都市居民出于各种不同的动机参与到乡村旅游中来，以求扩大知识视野和陶冶情操。

（3）在怀旧情结的驱使下的各种旧地重游。首先，现代城市的工人、职员有相当部分是农村劳动力转移的结果，其前辈多与农村息息相关。其次，20世纪60年代以来中国有“上山下乡”活动，“干部下放劳动”，走“五七道路”等，各个阶层的人都与农村、农民发生直接、间接的关系。感受一下历史的轨迹，老朋友、老战友、老房东走亲访友。这种旅游方式很容易被人们认可和接受。

（4）主动参与意识增强。随着旅游者的日益成熟，他们要求变过去的被动观看为主动参与，而乡村旅游产品往往体现出旅游者的主动参与的特点。游客在农村不但可欣赏田园风光，品尝当地特产，而且还可以亲自干农活等，主动的参与更能加深游客对乡村生活的体验。

◆ 乡村旅游市场营销有什么发展趋势？

（1）乡村旅游营销观念紧扣可持续发展这一主题。重视旅游资源的开发与生态环境的协调发展，重视服务质量的营销，要使服务成为有效的营销战略，重视旅游整体形象的宣传促销，并根据各自不同地区特点加强旅游品牌的宣传和建设。

（2）旅游市场营销更强调旅游营销的管理与协调，特别是旅游文化服务观念的管理与协调、旅游资源的管理与协调、游客与旅游从业人员的管理与协调，以此保证乡村旅游可持续发展的实现。

（3）乡村旅游走生态化、文化化的发展道路既是乡村旅游本质的体现，也是世界旅游业发展大势所趋。

（4）乡村旅游产品开发向个性化方向发展。乡村旅游之所以向个性化方向发展，主要原因是市场选择和需求在趋向个性化。

◆ 目前我国乡村旅游为什么采用低价策略？

目前，我国开发的乡村旅游多是处于城市近郊或者景区（点）附近，依靠城市或者相关景区（点）获得客源，所以在价格方面大多以低价为主。还有我国的乡村旅游在知名度、资金实力方面相对于风景名胜区都处于弱势，客源以城市周末、节假日休闲度假游客为主，家庭出游的比例大，主要出游形式是散客旅游，对价格相对较敏感，因此，乡村旅游产品宜适应工薪层的消费层次，采取低价位策略。

◆ 我国乡村旅游在营销方面存在哪些问题？

我国乡村旅游营销主要存在营销意识不强，营销手段落后的问题。我国不少地方现在仍存在着“先等当地旅游发展起来，再拿钱来宣传促销旅游”的落后观念。我国乡村旅游目前的销售尚不成体系，村民的自我销售意识不强，在宣传方面过多依赖村委会。而村上的销售方式陈旧无新意，难以引起人们特别留意，更不用说形成一套属于自己的销售系统了。由于没有使开发乡村旅游的地区与当地或周边大城市的旅行社、附近的知名景区（点）联系密切，从而没有形成整体营销。

目前，我国乡村旅游的经营者多依靠传统方式招徕游客，采用最多的宣传促销手段是发传单或发名片，但也局限于人际范围。有少数经营者在互联网上设立了宣传网页，取得了一定的营销效果，但由于网页的知名度有限，再加上信息量少、功能简单等原因，还无法对乡村旅游形成强有力的支撑，这就使得乡村旅游的经营发展缓慢。

◆ 新时期有哪些新的营销观念？

21 世纪我国乡村旅游市场应追求与 21 世纪相适应的新营销观念：

（1）乡村旅游营销的亲情观。亲情的乡村旅游营销观念强调把游客当“朋友”或“亲人”，通过“农家乐”的形式，吃农家饭，住农家，参加农活劳动建立一种新型的亲情关系。通过对游客的“情感投资”以获取重游率，从而实现游客的“货币投资”。

（2）乡村旅游营销的知识观。乡村旅游应当集学习知识、考察、娱乐于一体，对游客起着拓宽视野和增长见识的作用，尤其对于青少年学生，有知识的乡村旅游为游客提供了一种深入了解农村、农业和农民的途径。

（3）乡村旅游营销的绿色观。绿色营销观念强调经营者在营销活动中要把市场需求与环境保护有机地结合起来，大力开发绿色产品，尽量减少乃至消除环境污染所造成的危害。因此，对乡村旅游的开发必须坚持“保护第一，开发第二”的原则。在土地利用上，尽可能地不改变现状，实现对土地资源的多重利用，要努力探索发展旅游与保护生态环境之间的内在规律，杜绝破坏性开发。

◆ 如何做好乡村旅游的体验营销？

旅游业的本质是出售体验和旅游经历，乡村旅游者期待的是不仅能观光，而且能有乡村生活的经历。如“做一天茶农”、“当一天农民”。因此，乡村旅游产品在设计时要注重体验、度假、休闲等生活元素的摄入。

◆ **怎样进行口碑营销？**

乡村旅游口碑营销是指乡村旅游产品经营者运用各种有效手段，引发顾客对该乡村旅游产品的品质、服务及企业形象的谈论和交流，并激励顾客自发地向其周边人群介绍和推荐的旅游市场营销方式。“金奖银奖不如客户的夸奖，金杯银杯不如客户的口碑”，“员工和顾客是上帝”，“先有员工的满意，才有顾客的满意”。一线员工与游客接触的时间最多，也最了解游客的需求，他们的服务态度、服务知识和服务技能直接影响到游客的体验和感受。

因此，要使员工向游客提供满意的服务，旅游经营者就必须首先把员工当作自己的顾客，搞好内部营销，使员工掌握必要的服务知识和服务技能，为游客提供优质的服务。要对员工进行口碑传播培训，使之掌握口碑营销技巧：要注重收集口碑传播信息资料，整理成《口碑传播信息手册》，并不断更新，使员工有信息可传播，有标准可参照。要培养和留住优秀员工，优秀员工是企业联系游客最便捷的桥梁和通道，也是企业开展口碑营销最生动的素材。

◆ 为什么要利用网络营销发展乡村旅游？

随着经济的全球化，信息的网络化，旅游业与互联网的结合使乡村旅游网络营销成为了可能。互联网是一个世界规模巨大的信息和服务资源。可以说互联网改变了人们的生活，在全世界范围内的人们可以互通信息，交流思想，又可以获得各个方面的知识、经验和信息。同时互联网在各个领域的相继应用，给各行各业的发展带来了巨大的冲击，也创造出更多的新价值。

目前有些地方的乡村旅游还是“羞答答的玫瑰静悄悄地开”，仅仅靠“回头客”及口碑传播，影响小，见效慢。所以应该利用互联网发展乡村旅游，目前，国内专门的乡村旅游网站主要有乡村旅游网（www.travelagri.com）、中国乡村旅游网（www.crr.gov.cn）、中国乡村旅游（www.sinocountry.com）等，也可以建设地方性的乡村旅游网站，真正实现资源共享。

◆ 为什么实行广告促销？

旅游目的地的宣传与推广，是旅游者了解我国乡村旅游产品的主要方式。没有大力度的宣传与推广，旅游者就不能够深入了解我国的乡村旅游独具特色的山水田园自然风貌。广告的传播速度快，传播范围广，可利用的手段、方法多，具有较强的吸引力，且无须人员与旅游者直接沟通。通过一定的媒体，把我国的乡村旅游产品传递给潜在游客，使之产生旅游的愿望，从而促进我国乡村旅游产品的销售，实现较好的经济效益。

◆ 如何针对游客进行促销？

（1）散发旅游宣传品。

（2）向游客赠送能够传递旅游产品信息的小物品，如日历、招贴画、打火机、小手巾、纪念卡、纪念币、小玩具等，以刺激游客的购买欲望。

（3）展销，即旅游经营者联合或单独举办展销会，向游客宣传乡村旅游产品，增加销售机会。

（4）服务促销，即根据整体旅游产品概念，向游客提供系统销售。

◆ 如何针对旅游中间商进行促销？

旅游中间商既是旅游产品的组合者，又是旅游产品的销售者和代销者，在旅游中所起作用不容忽视。

（1）邀请考察。我国乡村旅游目的地应主动邀请旅行社老总、计调部经理进行乡村旅游线路的考察，他们亲身感受乡村旅游目的地后，更乐意将目的地的乡村旅游产品纳入到本旅行社重点线路中，大力宣传、推销乡村旅游产品。

（2）批量折扣。即对旅游中间商经销不同数量的旅游产品实行不同比例的价格折扣。

（3）经销津贴。即企业向旅游中间商提供开发、经营旅游产品的支持费，以争夺市场。

（4）联合开发。由地方政府与乡村旅游景区共同提供优惠的政策，吸引有实力的旅游中间商联合开发部分旅游项目，达到融资和促销的双重目的。

◆ 全员促销是怎么回事？

发展乡村旅游要注重品质，不仅要注重整体旅游产品中实质产品部分的品质，而且要注重提升其延伸产品部分的品质。应该树立“全员营销”意识，人人都是旅游资源，人人都是旅游环境。所有旅游从业人员都能做到礼貌真诚待客，热情高效服务。通过对旅游从业人员的培训，强化其旅游服务意识，提高服务技能，优化游客的旅游体验，形成良好口碑，提升乡村旅游的美誉度。乡村旅游的从业人员应该做到热情友善、乐于助人，应让游客感觉走进乡村旅游目的地，就像走进了真正的世外桃源，美丽的乡村不仅风景美、自然美，更应该有现代社会越来越稀缺的人情美，令游客如沐春风。

◆ 为什么实行节庆促销？

旅游节庆由于其对经济和文化发展的巨大推动作用而逐渐成为一种时尚，一种机遇，一种产业，一种强势资讯。节会活动不但易于统一旅游地干部群众及专家的认识，形成发展旅游、扩大招商引资渠道、改善投资环境的浓厚氛围；而且能够集中力量建设一批旅游基础设施；另外还能够吸引相关媒体从业者，形成宣传冲击波，达到影响巨大、品牌速成的效果。因此，我国各乡村旅游目的地应经常性地精心策划系列特色节庆会展活动，乡村旅游的发展，应该结合专项旅游产品的开发，开展多样化的节事庆典活动，以便达到规范促销、吸引客源的目的。

八、特色乡村旅游的品牌建设

◆ **乡村旅游品牌是怎么回事？**

乡村旅游品牌就是乡村的旅游资源和旅游资源配套设施及服务同乡村旅游产品相关联的一种利益承诺。

◆ **乡村旅游品牌目前面临哪些问题？**

（1）乡村旅游品牌缺乏，盲目树立品牌。我国目前虽然出现了乡村旅游的热潮，但真正的乡村旅游品牌并不多，很多地方还没有品牌意识。有些地方虽然有品牌意识，但在没有弄清自身资源条件和市场需求的情况下就盲目树立品牌，致使其品牌定位不准，对游客的吸引力不大，自然也就不能发挥品牌效应。

（2）品牌形象缺乏个性。也就是说乡村旅游品牌的形象要让广大公众了解到此地来旅游会获得什么样的经历、体验以及这种经历所能带来的一种生活方式或价值观念。而目前我国乡村旅游地大都以“农家乐”、果园采摘、观光生态农业园等形象出现，使广大公众产生乡村旅游内容单一、形式趋同、缺乏个性、没有内涵的感觉。

（3）品牌势力不强，整体呈现散、小、弱局面。目前我国乡村旅游景点在数量上已经达到一定规模，但景点分散，单个景点规模小，所以真正有实力的品牌屈指可数。由于乡村经济基础差，在旅游的开发经营中缺乏专业指导，所以整体实力很弱。而且很多资源条件相似的地方品牌形象类似，增加了市场上的无序竞争。

（4）品牌营销实施主体不明确。从品牌的树立到品牌形象的设计，再到品牌的推广与完善，需要有总体的规划，需要具有专业水平的设计人员，需要有长期大量资金的投入，而这些工作在乡村旅游中应由谁来负责呢？目前我国很多乡村旅游地却是在利益方面存在多头管理、各自为政，在问题方面无人管理、相互推诿。所以品牌营销的主体也是模糊不清。

◆ 建设乡村旅游品牌前期我们应该做什么？

（1）旅游资源调查。旅游资源调查是开发旅游的基本工作，查明旅游目的地旅游资源状况，系统而全面地掌握旅游资源的数量、质量、性质、特点、级别、成因、价值等，同时调查旅游目的地自然与人文环境，将为旅游资源的开发规划和合理旅游等做准备，为旅游目的地品牌建设提供决策依据。

（2）客源市场调查。市场分析是塑造一个旅游品牌的重要步骤，方法是通过对客源地市场状况、当地的历史文化、民俗、资源状况等进行深入地研究并对分析结果进行总结和提炼，掌握目标市场的旅游消费行为特征，为品牌定位及旅游产品设计做准备。

◆ 品牌定位是怎么回事？

所谓品牌定位就是使所有的产品品牌在顾客心目中占领一个有利的位置或取得一个无可替代的位置。它是细分市场、选择目标市场活动的延续与发展，如果消费者对企业及产品有一个清晰的认同与选择，从而可使消费者对事物有一个深刻的记忆。

◆ 进行品牌定位应该注意些什么？

一般产品品牌定位需要注意以下几点：

（1）品牌定位要考虑企业的资源条件。

（2）品牌定位要考虑产品本身的特点。

（3）品牌定位要重点研究顾客的心理特征。

（4）品牌定位要研究竞争者的定位与诉求。

（5）品牌定位要考虑成本及效益。

城市和乡村也正在被开发成品牌。每一个城镇或乡村都吸引着核心价值观与其相同的人们，确保他们有自己的生活方式和主张。当为地区建立品牌时，遇到的挑战是要认同这些独特的价值观，然后开发出连贯一致的战略，可以被当地所有的组织执行。这些组织包括诸多分散的团体，比如政府机关、环境组织、商会、贸易协会和市民组织等。

◆ 如何对乡村旅游进行品牌定位？

乡村旅游的品牌定位是根据乡村旅游的竞争状况和产品优势，确定其在旅游业中的竞争优势，根据乡村旅游者的需要和动机进行品牌定位，并通过其品牌形象设计，使消费者能选择其旅游产品。品牌定位是一个复杂的系统工程，从品牌差异性、旅游产品的购买价值、传播媒体、经营管理以及技术和服务创新方面给予定位，目的是追求卓越、追求完善的服务。

◆ 如何根据核心资源进行乡村旅游品牌定位？

根据核心旅游资源定位乡村旅游业的品牌定位，可以以核心资源为基础。所谓核心资源，是指居于核心主导地位的、能形成核心吸引力和卖点的客观物质条件，如花乡旅游资源、渔乡旅游资源等。作为核心资源，能有力地吸引着两部分人：一部分是投资商，吸引他们投资兴办旅游度假设施；另一部分是游客。

目前发展较成功的就是"中国十大名村"的乡村旅游模式。

（1）江苏省的华西村主要是通过发展非农产业而不是通过发展农业而致富的，该村的年产值目前已达到了300多亿元，乡村旅游从一开始就是华西村发展非农业的重要配套产业，随着华西村品牌的打响，引来了越来越多的游客前往。

（2）山西大寨走的是利用"农业学大寨"的品牌效应发展乡村旅游的路子，利用乡村旅游一方面取得直接的旅游收入，另一方面将旅游作为载体扩大大寨饮料、制衣、水泥等产品的品牌知名度，打开销路，取得丰厚的经济效益，在具体的旅游开发上，重点开发虎头山森林公园。

（3）浙江宁波奉化的滕头村依托区位优势（邻近溪口风景区和宁波市客源市场）开发乡村旅游，充分发挥联合国"全球生态500佳"、全国生态示范区、全国环境教育基地的特色，开发"生态农业旅游"。

这些农业新村的共性就是经济发达，乡村城镇化，而且在发展中有意识地使本村成为有特色的目的地。

◆ 如何根据目标市场进行乡村旅游品牌定位？

根据目标市场定位目的地。目标市场的定位也是旅游品牌定位的一个重要步骤，没有任何目的地能够兼顾到整个旅游市场，没有针对性的宣传是不行的。定义目标市场需要考虑的因素有：自身特点、消费者需求以及竞争者状况。

杭州市富阳白鹤村的乡村旅游开发时，根据对白鹤村的客源市场调查，主要为富阳、杭州、上海等地城镇居民。短程客源以25～45岁年龄阶段的游客为主，以中小学生为辅；中远程客源以老年游客为主。总体上以男性市场为主，但是女性市场也有相当的份额，主要以高中以上学历为主，职业以学生和事业单位人员为主。以中等收入（1000～2500元）、每人每日消费在50～100元的游客为主要目标市场。根据对目标市场的分析，白鹤村确定其旅游形象为"人人都可成为会员的乡村俱乐部"，凸显其休闲性、参与性、娱乐性。

◆ 如何设计乡村旅游产品促进品牌建设？

旅游地品牌建设和企业品牌建设的途径一样，一方面要靠品牌的宣传投入，另一方面要靠产品本身质量的不断提高，围绕着旅游地主题品牌，应该有一个系列的产品形象来烘托旅游地的主题形象。

那么，何为高质量产品呢？从商品经济的角度看，能具有稳定而持久的需求市场；从环境的角度看，能允许其稳定而持久地生产下去。乡村旅游的产品设计要根据乡村旅游资源的特点，针对客源市场的需求特点，在已经确定的目的地形象指导下开展。不仅要体现乡村旅游资源的特色之处，而且要体现乡村特定的文化内涵。

◆ 怎样做才能体现品牌的特色？

旅游产品与服务的差异性和个性，是旅游产品品质的直接体现，也是旅游品牌体验的源泉。若旅游产品和服务缺乏鲜明的个性和明显的差异性，旅游品牌的差异性就成为无源之水，无本之木。因此，建设乡村旅游目的地旅游品牌，还必须在产品的特色和个性上下工夫，充分发掘产品的个性与特色。

广西桂林的山水实景演出《印象刘三姐》，现在已经成为桂林旅游的一块招牌。其成功的关键就在于其独一无二的特色。方圆 2 千米的阳朔书童山的漓江水域，12 座背景山峰，广袤无际的天穹，构成迄今世界上最大的山水剧场。演出把桂林、阳朔举世闻名的两大旅游、文化资源——桂林山水和刘三姐留给人们的印象进行巧妙的嫁接和有机的融合，让自然风光与人文景观交相辉映。

乡村旅游的基础设施同样也是整个乡村旅游体验的重要组成部分，这里的基础设施主要是指基本的吃、住、行等问题。从吃来说，主要是发展有地方特色的饮食业；从住来说虽然没有必要搞星级酒店，但必须保持卫生、舒适，并解决洗澡等问题，最好是兴建一些具有当地特色、造价低廉的庄园式的旅舍，如“四合院”、“林间草房”等，为游客营造“开门大自然，闭门现代化”的设施条件；从行来说，乡村旅游的交通工具应有别于飞机、火车等大型交通工具。它应该适应当地自然的环境，具备灵活轻便的特色，它的设计应与当地历史文化背景结合起来，使之为旅游活动增添色彩。

◆ 怎样进行品牌文化建设？

乡村旅游中，独特的乡村自然景观是吸引游客的重要要素，但最让游客感受到乡村特色和引起旅游者精神共鸣的是人文环境景观。这些人文景观特定的人文精神内涵满足了游客“回归”的精神需求。打造旅游品牌必须要注重品牌文化建设，要挖掘旅游产品或服务的物质上的文化性，品牌的视觉表现也要给消费者在视觉上的美感，同时在营销环节上注重品牌营销活动中的文化性。

◆ 旅游品牌识别系统是怎么回事？

旅游品牌识别系统，是旅游地品牌战略的表现。消费者首先通过各信息媒介直观地获得识别信号，得到初步印象后，逐渐了解其品牌内涵价值。旅游品牌识别系统主要有：品牌名称、品牌标志和其他图形系统、表达目的地特征的象征性图标、品牌形象口号以及它们在宣传媒介上的规范使用。

◆ 怎样构建品牌名称？

一般非景点型的旅游地在营建品牌时，是不会改变其名称的，一般与它所处的行政区域名称一致（但并不一定一样），这是因为相比较其他品牌元素的变换，名称改变会冒很大的风险。乡村旅游名称一要简短，二要明旨，三要好记。如深圳的“青青世界”是深圳一家休闲度假为主题的观光农场，“健康、自然、环保、家庭”是其理念和营销方向。

◆ 怎样设计品牌标志？

每一个名牌都有一个标志，品牌标志是构成旅游品牌识别的主要成分。品牌标志是消费者对品牌最直观的感知，把大自然的东西巧妙用品牌标志来表示，可以用符号，也可以用图案、颜色来表示。

例如澳大利亚的品牌商标标志多由标准字（Australia）的前两个字母“Au”引领或标准色（国旗色、红、黄、蓝、绿）、象征性图案（太阳、袋鼠、海滩）组成。袋鼠是整个澳大利亚最有名的象征，它跳跃的步伐代表了当地人的乐观主义精神。标志上的绿色象征了绿草低拂的牧场和热带雨林。清凉的蓝色会让人想起美丽的海滨，温暖的红色和黄色则表达出澳大利亚与众不同的内地地区和沙滩。再如香港“海洋世界”的品牌标志是海马，米老鼠是迪斯尼乐园的标志等等。

另外，还可以凭借品牌标志，发展有特色的乡村旅游产品，一些旅游区推广“绿色食品”标志来吸引城里人购买。品牌标志应该有一种亲和力、传播力、品牌力。例如北京“蟹岛”生态园区推广生态产品，其种植的农产品为绿色产品，深受城里人喜欢。

◆ 如何打造自己的品牌形象口号?

旅游地品牌应通过一句精练的文字来体现，这句话要有画龙点睛的作用，能够把一个城市或一个地区的资源优势形象化地表述出来。同时品牌的文字要具备广告效应，要能够打动游客的心，激发其旅游动机，并易于宣传和记忆，通过文字能够刻画出一个生动而富有魅力的旅游地形象。一些千古传颂的古代诗句往往就为一些城市塑造了经久不衰的旅游地形象。例如“上有天堂、下有苏杭”、“桂林山水甲天下”、“五岳归来不看山，黄山归来不看岳”等形象口号，是旅游者易于接受的了解旅游地形象的最有效方法之一。如阳朔乡村旅游宣传口号是“自然山水精髓，绿色诗境家园”。旅游目的地宣传口号的设计主要经历以下三个阶段：

（1）主要表述目的地产品特征，例如山东的宣传口号“齐鲁神韵，山水豪情”。

（2）仍然以目的地产品特征为基础，进行印象提升，例如海南的宣传口号：“椰风海韵醉游人”。

（3）当旅游地的产品为大众所熟悉，旅游地开始提出纯抽象概念，希望从生活方式上与旅游者达到共鸣，例如上海的宣传口号：“精彩每一天”。

◆ 乡村旅游品牌的宣传方法有哪些?

品牌宣传按照宣传对象可以分为对内宣传和对外宣传两种。针对旅游目的地内部居民进行的传播活动我们称之为对内传播，品牌对内传播的目标主要是增强村民的认同感，提升当地村民的自豪感和参与感；针对潜在市场和游客的传播活动我们称之为对外传播。品牌对外传播的目标则是使游客产生一种追求感和购买欲望，进而驱动旅游者前往该旅游目的地。品牌宣传方法可以说多种多样，包括销售过程、消费过程、节事活动、媒体广告、公关、网络等。

◆ 为什么要重视价格、销售渠道和促销？

价格、渠道、促销不仅会影响到乡村旅游产品的销售，而且会影响到乡村旅游整体品牌形象的宣传。所以乡村旅游目的地必须对价格、渠道、促销进行整合，避免各经营主体各自为战的现象，这样才能避免价格战等造成价格体系混乱而影响目的地整体品牌形象局面的出现。

◆ 怎样做才能使我们的品牌具有竞争力？

乡村旅游不能理解为是一种纯粹的农业资源开发，而要与区域内其他旅游资源和旅游景点的开发结合起来，借助已有旅游景点的吸引力，争取客源，以形成资源共享、优势互补、共同发展的格局。

另外，成熟的营销策略也是乡村旅游成功经营、长久发展的根本保证。国外乡村旅游发展较为成熟的地区，通常会有政府、同业联盟或企业出面组织的乡村旅游服务和营销网络，尤其是在欧盟的各个国家，由政府组织的非赢利性营销和服务网络在乡村旅游的发展过程中起到了很大的作用。例如，在西班牙等国家，游客要到乡村去旅游，并不需要花费很多时间就可以在乡村旅游的连锁网站上查找到目的地的详细信息，这些乡村旅游目的地在网站上根据经营风格和特色进行分类，使每一位旅游者都能方便地找到自己偏好的乡村旅游目的地，并在网络上进行预订。乡村旅游经营者们也通过网络联盟的形式开展同业交流合作，如开展共同的营销宣传和团体采购等活动。

我们要借鉴国外的成功经验，根据具体资源特色和竞争者特点、消费者偏好做好现阶段差异化的旅游市场定位，进而确定详细的旅游产品、服务价格、促销渠道与促销计划，并依托现代化的信息传递方式和操作平台进行落实。目前，大多乡村旅游地的知名度有限，远未形成品牌，急需进行品牌塑造。

◆ 如何让游客信任和喜爱我们的品牌？

通过良好的服务，使游客在旅游过程中建立对品牌的信赖感和满意度，从而建立良好的品牌服务形象，进而形成良好的品牌口碑宣传。重视服务营销是口碑营销发生作用的基础，尤其在当今旅游业发展竞争激烈的环境下，在旅游景区景点同质化严重的情况下，搞好服务营销是旅游企业进一步获得忠实消费群体、获得长久发展的根本。

体验经济时代，游客会变得越来越理性，重视旅游过程中的个性化，他们在关注物质产品质量的同时，更注重感情的愉悦和满足。提高旅游目的地服务质量，有利于调动旅游消费者的参与意识，引起旅游者的情感共鸣，为旅游消费者创造难忘的旅游经历，从而提高游客对旅游目的地品牌的信赖程度。对于旅游服务业而言，80% 的收益来自于 20% 的回头客，更可以肯定旅游产品动人胜于动手，动情胜于动人，动心胜于动情。优秀的服务正是注重这一点，直指人心，这是提高旅游目的地服务质量的一种根本方式。

◆ 品牌宣传工具有哪些？

品牌宣传工具主要有节事活动、媒体宣传、广告、公关活动、口碑和网络等。

◆ 怎样利用节事活动进行品牌宣传？

节事活动营销分为两方面：一是利用突发事件进行营销，比如“蒙牛”利用神舟 5 号上天而策划宣传促销活动；二是利用大型商务活动营销，是通过主办方有计划、有步骤的策划来实现的，如湖南卫视的“超级女声”。前者通常是可遇不可求的，考验的是应对能力；后者发挥的是创造能力。

根据形式和内容的不同，节事活动营销大致可分为以下几种：节假纪念日活动、社区公益活动、电视大赛和晚会活动、论坛或行业评比活动、会议营销等。旅游节事活动可以说是旅游品牌宣传的秘密武器。成功运用节事活动加速品牌宣传、带动区域旅游发展的案例有很多，其中海南博鳌亚洲经济论坛、九寨天堂承办各类重要国际会议等可以说是成功运用眼球经济原理，带动旅游品牌传播、带动区域旅游发展的经典案例。

目前越来越多的地区已经开始依赖于由于年度节日所带来的品牌效益，这也成为了众多地区宣传旅游特色，吸引游客的有力工具。

◆ 如何利用媒体进行品牌宣传？

在品牌宣传的过程中，如何巧借亮点事件进行媒体宣传是不可忽视的品牌宣传技术手段。例如在北京绿维公司策划的《北京圣莲山风景度假区策划方案》中，充分调动各类媒体通过对“七仙女”选拔活动的追踪报道，进行新景区的品牌传播和炒作。再如丽江古城原来并不为多少人所知，1996 年 2 月 3 日在云南省丽江县发生了 7.0 级强烈地震，此事震惊世界，从此丽江也被展现在世人面前，丽江的旅游开始了发展的新阶段。

当然，从反面来看，一个地区应该避免媒体的负面宣传给旅游地带来的消极效应。如 2007 年“吉林一导游丽江古城连砍 20 人”的新闻报道，无论是对导游职业还是对旅游目的地都会造成负面的影响，影响游客对旅游目的地的看法，从而影响其出游决策。

◆ 如何利用影视进行品牌宣传？

近年来，在塑造旅游品牌形象这一环节上，韩国旅游目的地营销成绩尤为突出。随着大量韩国影视剧在亚洲市场上的热播，人们对影视中所体现出的饮食、服饰、优美景色以及韩国文化产生向往，形成一个对韩国的关注点，而这些有“韩国”特色的文化便成为韩国旅游目的地品牌形象的牢固基石，有了这些强烈的诱因，大量游客去往韩国就成为一种必然。我国也有比较成功的案例，如随着《乔家大院》的播出，带火了乔家大院的旅游，甚至在全国掀起了“大院游”的热潮。

◆ 怎样利用广告进行品牌宣传？

旅游广告宣传设计要秉承诚实可信、表达清晰简洁、形式多样、艺术性和特色性相结合的原则。旅游广告宣传基本上可以分为：

（1）报刊广告。这种广告传播快，影响大，读者广，且不易消失，可长期保存，其中报纸广告是旅游线路、旅游交通等产品信息传播的主要渠道。

（2）电视广告。这种广告形声兼备，重视造型技巧，能给观众留下深刻的印象，电视广告是旅游地形象宣传推广的重要表现形式。

（3）广播广告。这种广告占有空间优势，传播迅速，不受地区、交通和气候的限制。

（4）橱窗广告。这种广告量大，面广，顾客感受真切。

（5）户外广告。包括路牌广告、交通广告、灯箱广告等，这种广告明朗夺目，容易引人注意。

（6）网络广告。这种广告花费成本低，信息量大，是最佳的旅游广告形式和日后发展趋势。

不同的广告形式有其不同的传播特点，观众对广告的信任度也有所不同。通常旅游广告宣传具有多媒体共同参与的特点，以北京房山旅游项目为例，电视媒体就有北京卫视、天津台电视生活频道、河北台电视生活频道等5家电视台同时对房山旅游节进行跟踪报道；报纸选择了北京青年报、北京娱乐信报等6家；广播电台选择了北京交通台，通过多媒体的组合建立了房山旅游宣传的立体结构。在路牌广告方面则计划在北京市区繁华地段树立宣传房山旅游品牌主题“北京根祖溶洞王国”的巨型广告牌3座，并在京石高速、京津塘高速树立广告路牌4座。

◆ 怎样利用公关活动进行品牌宣传？

所有的广告宣传都是以媒体作为基础的，而公关活动是以影响或“游说”一小部分有影响力的游客为目的的，旅游业的多数公关工作往往是以获得媒体的关注为目标。其典型的形式包括：新闻稿、新闻发布会、招待会、名人到场、产品参观等。

如1998年克林顿总统访问阳朔兴坪渔村，为阳朔乡村旅游的发展发挥了积极的作用。再如桂林的《印象刘三姐》演出被《人民日报》和《光明日报》等权威报刊进行了相关报道，并且此演出的场所“中国·漓江山水剧场”在2004年被列为中国国内旅游交易会指定观赏项目，获得中国演出协会评出的10大演出盛事和文化部首创新奖等十多项荣誉。这些公关活动对《印象刘三姐》的宣传起到了非常有效的作用，促进了品牌的传播。

◆ 怎样利用口碑进行品牌宣传？

旅游口碑是游客在完成一项旅游活动后，对旅游产品和服务综合评价并向他人进行传播的过程。营销界有一个著名的等式：100–1=0。意思是即使有 100 个顾客对一个企业满意，但只要有一个顾客对其持否定态度，企业的美誉就立即归零。事实显示：每位非常满意的顾客会将其满意的感受告诉 8 个人，其中，大约有 6 个人在产生相同需求时，会光顾该企业；相反，一个非常不满意的顾客会把不满告诉给 25 个人，这些人在产生相同需求时，几乎不会光顾被批评的企业。

据对四川成都市场调查结论，口碑是大多数出游者获得旅游信息的主要途径，因此，良好的口碑对任何旅游品牌都尤为重要，得到良好的口碑就应该努力营造游客满意而归的条件。另外，产品核心吸引力的打造、娱乐化、互动体验式的游玩方式、良好周到的服务等同样是创造游客良好口碑的重要条件。

◆ 为什么利用网络进行品牌宣传？

国际互联网的产生不仅意味着一种新兴媒体的出现，更标志着一个崭新时代的来临。它势不可挡地涌向每一个角落，引导人们走向数字化生活。随着中国经济的发展，我国的互联网发展也呈现出蒸蒸日上的势头。互联网传播主要具有传播迅速且范围广、信息源丰富、信息量空前巨大、网络多媒体应用、信息多姿多彩、互动性强、兼容大众传播与人际传播等特点。面对互联网给人类带来的巨大变化，品牌传播要想取得成功，也必须顺应网络时代新的游戏规则，充分利用互联网这一新兴媒介来进行网络传播。

传统的营销方式对旅游地形象的宣传是间断而零散的，而网络宣传的信息可以全天候、全方位、多媒体展现，从而使旅游地形象灵活多变、完整且连续，弥补了其不足之处。

一般来说，旅游者对旅游目的地的认知水平与旅游地之间的距离越远，认知水平越低，感知的旅游地形象越是模糊甚至是负面的。这是因为旅游地的形象是以其提供的信息为前提。如果传播的信息越多越全面，力度越大，旅游地就越容易被认知，知名度就会大增。网络这种覆盖全球的全新多媒体信息传播模式能把美妙的景致活灵活现地展现在各地旅游者的面前，使旅游地在旅游者的脑海中清晰明朗鲜活起来，增强吸引力，扩大知名度。

◆ 我国旅游地的网络建设情况如何?

我国旅游目的地利用网络进行营销起步较晚，从1995年才有专业的旅游网站，自2001年国家旅游局建设“金旅工程”以来，越来越多的旅游目的地开始着手“旅游目的地营销系统”（DMS）建设，现在已有“活力广东、浪漫大连、天津DMS、天堂苏州、温馨厦门、三亚DMS、精彩深圳、惠州DMS、醒狮佛山、天下珠海、山水桂林、南海DMS、西安DMS、宁波DMS、张家口DMS”等特色旅游目的地营销系统，DMS主要由各地的旅游局主办，目的是宣传旅游目的地的整体形象，为旅游企业提供电子商务平台。

除此之外，中国的旅游网站还有三类：一为门户网站（如新浪、网易等）的旅游频道，他们主要对旅游景点、线路做简单介绍；二为旅游企业自建的网站（如青旅在线），他们进行自我宣传及信息发布等初步的信息交流；三为专业旅行网站（如携程、e龙网），他们凭借个性服务以及强大的交付功能抢占网上旅行市场。旅游目的地都可以和这些网站合作，宣传本地旅游，树立良好的旅游地整体形象，提高旅游地及其旅游产品的知名度、美誉度等。

◆ 怎样发展特色乡村旅游品牌营销?

发展乡村旅游我们要确定核心竞争力，也就是说首先要了解自己的特色在哪，在众多的品牌竞争中要以什么来赢得顾客使其选择自己的品牌。乡村旅游就是依托乡村的资源和环境对游客产生独特吸引力。所以对乡村旅游地来说确定核心竞争力就是对自身的资源、环境进行正确评估，深入挖掘旅游地的个性，找准自身的特色。

目前我国乡村旅游之所以给广大公众的印象是形式单一，地域文化特色不突出，产品缺乏内涵，很重要的一个原因就是很多乡村旅游地在树立品牌时没有挖掘自身特色而是盲目跟风，别人搞“农家乐”自己也搞“农家乐”。有差异才有竞争力，所以乡村旅游地在树立自己的品牌时首先就要搞清楚自己的差异，确定核心竞争力。

◆ 如何做好乡村旅游口号设计?

旅游口号是旅游形象的语言提炼，分为相应的定位口号和营销口号。定位口号反映的是理念形象，营销口号反映营销形象。目前因为我国乡村旅游的发展还处于初级阶段，所以很多地方在营销中以定位口号来进行促销宣传。定位口号反映旅游地资源特征的功能，而资源特征的稳定性决定了定位口号难于不断创新；相比之下，营销口号则可以通过富有感召力煽动性的话语来反映旅游地能给游客带来的利益和价值，因此，营销口号在创意上更容易拓展思维，更容易打动游客的心灵。

乡村旅游在进行旅游形象和旅游口号设计的开始就应注意这种分类，分别树立理念形象和营销形象，设计适合的定位口号和营销口号，使其在品牌营销的过程中正确发挥各自的功能，特别在乡村旅游的促销宣传中应侧重营销口号的使用。

◆ 有哪些品牌组合策略?

（1）类型相似、空间相近的几个乡村旅游区域可以把每个区域的精品景点整合为一个品牌，从而集中人力、财力、物力推广一个强势品牌，发挥规模效应。乡村旅游品牌的这种优化组合还可以产生聚集优势，同时品牌的组合势必伴随着景点范围的扩大，这样就可以解决目前我国乡村旅游停留时间短、活动空间小的问题，也可以增加旅游收入。

（2）乡村旅游地也可以结合自身的资源条件来定位自己的品牌形象。由于我国乡村旅游地目前普遍呈现散弱局面，有实力的很少。所以，建议空间距离较大的乡村旅游地也可以进行品牌的联合宣传，共同成为所在区域或所属类型的领导品牌。

九、乡村旅游的经营管理

◆ 乡村旅游的经营模式有哪些?

乡村旅游的经营模式是根据旅游资源和客源市场来确定的，不同的资源和地域客源市场，经营的模式也不一样。模式是否科学合理，决定着旅游资源与客源市场的联系程度，直接影响着乡村旅游可持续发展。

综观四川“农家乐”、贵州“村寨游”、北京“民俗游”等乡村旅游的经营模式，通常有以下8种：即“农户+农户”模式、“公司+农户”模式、“公司+社区+农户”模式、公司制模式、股份制模式、“政府+公司+农村旅游协会+旅行社”模式、“政府+公司+农户”模式和个体农庄模式。

◆ “农户+农户”的经营模式是怎么回事?

这是乡村旅游初期阶段的经营模式。在远离市场的乡村，农民对企业介入乡村旅游开发普遍有一定的顾虑，甚至还有抵触情绪，多数农户不愿把有限的资金或土地交给公司来经营，生怕有什么闪失使其“陷”进去，他们更相信那些“示范户”。在这些山村里，通常是“开拓户”首先开发乡村旅游获得了成功，在他们的示范带动下，农户们纷纷加入旅游接待的行列，并从中学习经验和技术，在短暂的磨合下，形成“农户+农户”的乡村旅游开发模式。这种模式通常投入较少，接待量有限，但乡村文化保留得最真实，游客花费少还能体验到最真实的本地习俗和文化。但受管理水平和资金投入的影响，通常旅游的带动效应有限。

在当前乡村旅游竞争加剧的情况下，这种模式具有短、平、快优势。他们善于学习别人经验，汲取别人教训，因其势单力薄，规模有限，往往注重揣摩、迎合游客心理，极具个性化服务。北京平谷金海湖镇红石门村，只有 6 家农户搞民俗旅游，接待条件一般，但其真诚的个性化服务，让游客动容。

◆ "公司 + 农户"的经营模式是怎么回事?

这一模式通过吸纳当地农民参与乡村旅游的经营与管理，在开发浓厚的乡村旅游资源时，充分利用农户闲置的资产、富余的劳动力、丰富的农事活动，丰富旅游活动。同时，通过引进旅游公司的管理，对村民的接待服务进行规范，避免因不良竞争而损害游客的利益。广西灵川县毛州岛的开发与管理，便是典型。其特色在于公司或投资商，充分听取村民的意见和看法，而在经营管理中，广泛地吸引农户参与到经营与管理中。在公司的37位员工中，有33位是农户代表。如此大比例的村民参与景区经营管理，在我国的旅游景区中实属少见。农户乐于接受管理，投资商与农户和谐共处，这方面体现出了该管理模式的特色和先进性。这一模式中有些需要注意的问题：

（1）公司或投资商与农户的合作是建立在一定的经济基础上的，受投资商实力的影响较大。

（2）农户的知识层次、素质、服务意识等还有待于进一步提高。

（3）在内部经营管理中，如何进行游客的分流与分配，是能否顺利实施的关键之一。

◆ "公司 + 社区 + 农户"的经营模式是怎么回事?

这一模式应是"公司 + 农户"模式的延伸。社区（如村委会）搭起桥梁，公司先与当地社区进行合作，再通过社区组织农户参与乡村旅游。公司一般不与农户直接合作，所接触的是社区，但农户接待服务、参与旅游开发则要经过公司的专业培训，并制定相关的规定，以规范农户的行为，保证接待服务水平，保障公司、农户和游客的利益。此模式通过社区链接，便于公司与农户协调、沟通，利于克服公司与农户因利益分配产生的矛盾。同时，社区还可对公司起到一定的监督作用，保证乡村旅游正规、有序发展。

◆ 公司制模式是怎么回事？

这一模式的特点是发展进入快、起点层次高、开发有规模，如果思路对头、经营科学，容易使乡村旅游开发迅速走上有序化发展的道路。广西兴安县开发的“乡里乐”和“忘忧谷”两个旅游点品牌响亮，主要是经营管理起点较高，一开始就实行公司制经营管理。如“忘忧谷”是由当地农民注册成立的“瑶苑旅游开发公司”经营管理的，而“乡里乐”则由3个农民集资注册成立的“乡里乐休闲山庄公司”开发经营。公司制模式比较适合乡村旅游初期阶段，随着农民的关注与参与，这种利益主体是公司的模式，将难以适应未来乡村旅游发展的趋势。

农民作为乡村旅游参与主体，其积极性是不容忽视的，而采用公司制模式，农民很难从旅游收入中获得应有的利益，受益的仅是靠提升农产品附加值获得。乡村旅游生财之源是公共资源，应是农民共同的公共资源，但在使用这种公共资源中最大受益的则是旅游公司，当地农民很难得到相应利益，并且还要承担旅游开发所带来的各种负面影响。这种资源与利益的严重失衡，极易引起农民的不满。

◆ 股份制模式是怎么回事？

这一模式主要是通过采取合作的形式合理开发旅游资源，按照各自的股份获得相应的收益。根据旅游资源的产权，可以界定为国家产权、乡村集体产权、村民小组产权和农户个人产权4种产权主体，在开发上可采取国家、集体和农户个体合作的方式进行，这样把旅游资源、特殊技术、劳动量转化成股本。收效一般按股份分红与按劳分红相结合。对于乡村旅游生态环境保护与恢复、旅游设施的建设与维护以及乡村旅游扩大再生产等公益机制的运行，企业可通过公益金的形式投入完成。这种模式有利于乡村旅游上规模、上档次。特别是通过股份形式，扩大了乡村集体和农民的经营份额，有利于实现农民参与的深层次转变，从而引导居民自觉参与到他们赖以生存的生态资源的保护中去。

◆ “政府+公司+农村旅游协会+旅行社”的经营模式有哪些特点?

这一模式的特点是充分发挥旅游产业链中各环节的优势，通过合理分享利益，避免了过度商业化，保护了本土文化，增强了当地居民的自豪感，从而为旅游可持续发展奠定基础。

此模式各级职责分明，有利于激发各自潜能，形成“一盘棋”思想。具体来讲，政府负责乡村旅游的规划和基础设施建设，优化发展环境；乡村旅游公司负责经营管理和商业运作；农民旅游协会负责组织村民参与地方戏的表演、导游、工艺品的制作、提供住宿餐饮等，并负责维护和修缮各自的传统民俗，协调公司与农民的利益；旅行社负责开拓市场，组织客源。

◆ “政府+公司+农户”的经营模式是怎么回事?

从目前一些地区乡村旅游发展现状来看，这一模式实质是，政府引导下的“企业+农户”：就是在乡村旅游开发中，由县、乡各级政府和旅游主管部门按市场需求和全县旅游总体规划，确定开发地点、内容和时间，发动当地村民动手实施开发，开发过程中政府和旅游部门进行必要的指导和引导。由当地村民或村民与外来投资者一起承建乡村旅游开发有限责任公司，旅游经营管理按企业运作，利润由村民（乡村旅游资源所有者）和外来投资者按一定比例分成。

除此以外，村民们还可以通过为游客提供住宿、餐饮等服务而获取收益。这个模式一是减少了政府对旅游开发的投入，二是使当地居民真正得到了实惠，三是减少了旅游管理部门的管理难度，因而是一种切实可行的乡村旅游经营模式。

◆ 个体农庄的经营模式是怎么回事?

个体农庄模式是以规模农业个体户发展起来的，以“旅游个体户”的形式出现，通过对自己经营的农牧果场进行改造和旅游项目建设，使之成为一个完整意义的旅游景区，能完成旅游接待和服务工作。通过个体农庄的发展，吸纳附近闲散劳动力，通过手工艺、表演、服务、生产等形式加入到服务业中，形成以点带面的发展模式。

◆ 乡村旅游经营者应该怎样进行管理?

（1）有统一的专职或兼职旅游管理机构，能做到职责明确，管理有效。

（2）各项制度健全，简洁实用，公开透明。

（3）对旅游从业人员定期进行培训。要求做到服装整洁、举止文明、热情服务、诚信经营。

（4）设有面向公众的旅游咨询、投诉电话。

◆ 乡村旅游经营者应制定哪些管理制度?

在乡村旅游经营中，必须有明确的规章制度和岗位责任制，如员工守则、考勤制度、人事制度、财务制度、奖惩制度等。

岗位责任制是企业为明确其工作人员在各自岗位上应有的职权和应负责任所建立的制度。

◆ 乡村旅游的管理者应承担哪些责任?

经营决策者要确定经营目标，制定实施方案，承担经营管理的主要责任。在市场经济的风浪之中，掌稳舵、看准方向，企业才有赢利的可能。管理者又是组织者，要起统筹、协调、督促、指挥的作用，充分调动企业人力、物力、财力，努力发挥他们的作用，这样才能取得良好的经济效益和社会效益。

在乡村旅游持续经营的过程中，经理要注意检查和监督各项工作的进程，掌握营业状况、资金状况，负责成本的监控，最大限度地降低成本，提高收入和利润。要对全体员工进行教育和培训，从各方面提高员工素质，安排好职工生活。要对企业的财产安全和人身安全负责，对餐厅卫生和社会环境保护等事项负责。

◆ 乡村旅游的管理者应具备哪些素质？

（1）品德素质。要认真执行国家的各项方针政策，要有为人民服务和艰苦创业的精神，作风要正派，在员工中要有威信。

（2）能力素质。能力是知识和智慧的综合体现，领导活动是一项综合的实践活动，经理应具有较高的能力素质。现代创业者必须具备筹划和决断能力、组织指挥和协调能力、人际交往能力、灵活应变能力和改革创新能力。

（3）知识素质。要具有市场的知识、服务技能的知识、管理科学知识及一定的文化知识，还要有丰富的生活经验和工作经验。特别要掌握乡村旅游的有关文化知识和专业知识。

（4）身体素质。只有身体健康、精力充沛才能适应繁忙的工作和多变的环境。当今时代，企业处在激烈的市场竞争环境之中，作为管理者必须有活跃的思维、敏锐的观察力、富有创造性的头脑。

◆ 如何对员工进行管理？

（1）规划。指明确岗位、决定岗位需要的员工数量和质量，为有资格的员工提供雇用机会。

（2）选拔。就是从申请人中选拔出最符合企业各个岗位需要的员工。

（3）考评。是指对员工的工作结果、工作表现进行比较和评价，分出优劣高低，为工资分配和员工发展提供依据。

（4）激励。合理地确定员工的工资，按照员工的贡献进行收入分配，做到奖惩分明，同时通过奖励、福利等措施激励员工的工作积极性。

（5）开发。通过员工培训，提高员工的知识、技能和素质，增强员工的工作能力，引导员工的个性发展。

（6）调配。为员工达到职务所要求的技能和素质水平而进行的内部工作调动。

◆ 应该对员工进行哪些基础知识培训？

根据乡村旅游的特点，员工的基础知识培训应该包括三个方面：

（1）服务知识培训。乡村旅游服务知识是乡村旅游员工为了更好地提供服务而应当知道的各种与服务有关的信息总和。掌握乡村旅游服务知识是各项工作得以开展的最基础性的东西，只有在丰富知识的基础上，才能顺利地向客人提供优质服务。

（2）旅游知识培训。地方风情、旅游法规、环境保护等旅游知识的缺乏和不足，势必影响游客对乡村旅游的整体感受。通过培训，有利于从业人员更好地了解当前乡村旅游发展的形势和趋势，进一步抓好日常管理和经营。

（3）本地民俗文化和风土人情方面知识培训。要认真挖掘、认真总结地方民俗文化和风土人情，并加强对从业人员这方面的培训，使乡村旅游与当地民俗风情和乡土文化实现有机结合，提高乡村旅游的文化品位和服务档次。

◆ 应该对员工进行哪些从业方面的培训？

（1）从业观念培训。对员工进行从业观念教育，培养员工的服务意识与服务观念，树立“游客至上、优质服务”的观念和企业精神；对员工进行职业道德教育，教育员工热爱祖国、热爱社会主义、热爱家乡、热爱乡村旅游及所从事的工作，提高员工为游客服务的奉献精神；系统介绍乡村旅游的有关知识、乡村旅游的经营宗旨和员工手册，乡村旅游的规章制度，以及乡村旅游服务的外事纪律等等。

（2）从业能力培训。通过这方面的培训，应该使员工掌握完成本职工作所必备的各种业务知识、技能和服务技巧。从业能力培训具体又可分为业务培训和行为培训两方面。①员工行为培训主要包括员工的仪容仪表、礼貌礼节、各类游客的风俗习惯、安全保卫、消费知识等，从而使服务人员有一个良好的行为规范和整体素质；②员工业务培训就是根据乡村旅游不同的工种、岗位的要求，对相应岗位的服务规程、服务内容、服务技巧及与服务有关的种种知识的培训。

（3）从业心理培训。通过这方面的培训，应该树立起乡村旅游经营与员工之间的相互信任，培养员工的团队精神和应具备的价值观，增强其作为其中一员的归属感和荣誉感。

◆ 为什么要对游客进行管理？

目前我国大部分游客的环保意识还比较薄弱，破坏旅游资源和旅游环境的不文明旅游行为时有发生。由于乡村旅游区活动范围广，有的地方根本就没有设置垃圾桶等装置，游客用完的饮料瓶、食品袋等垃圾在水面、路边、田垅间随处丢弃，如果再加上游客的大量进入，必然会对乡村地区的生态系统造成破坏。乡村旅游资源虽丰富但也很脆弱，所以，乡村旅游要持续、健康发展，必须要加强游客管理。

◆ 如何对游客进行管理?

加强游客管理，①要根据乡村旅游目的地环境承载力的状况，利用线路设计和分区规划等技术手段对游客进行引导，使其在时间和空间上合理布局，以达到不破坏乡村生态系统的目的；②要借助宣传栏、宣传画、书籍手册指南以及导游解说系统对游客进行环境教育。旅游之前就应明确告诉游客应遵守的规范。特别是通过旅游服务人员的言行举止和社区的环保氛围使游客受到教育和感染；③当地政府要建立一定的法规和制度，对游客的行为进行约束，避免对环境造成的不良影响。通过这些措施，不仅能塑造负责任、保护环境的游客，而且能加快我国乡村旅游的发展进程。

◆ 需要管理的账目有哪些?

（1）资产。指企业所拥有或控制的以货币计算的、能够为企业提供未来经济效益的经济资源。资产可以是有形的，如现金、原材料、设备等，也可以是无形的，如品牌、土地使用权等。

（2）负债。指企业所承担的能够以货币来计算的可以用资产或劳务偿付的债务，如企业购进原材料未付款，应缴的税金没有缴纳，应发的工资没有发放等。

（3）所有者权益。指乡村旅游经营者对乡村旅游经营企业净资产的所有权。这里说的“净资产”，指企业总资产减去负债后的金额。

（4）收入。是企业销售产品和提供服务等实现的收入。收入是企业利润的最基本内容。

（5）费用。指企业在生产经营过程中发生的各种消耗。

（6）利润。是企业在一定时间内用货币表示的经营成果。

关系：资产＝负债＋所有者权益

收入－负债＝利润

十、乡村旅游生态环境的保护

◆ 乡村旅游生态环境是怎么回事？

乡村旅游生态环境是旅游生态环境的一个组成部分，是旅游生态环境在乡村地域的体现，包括乡村自然生态环境和文化生态环境两个部分。

那么，什么是乡村地域呢？随着城镇化进程的加快，城乡界线越来越模糊，很难准确地界定城乡之间的界线，所以很多人采用“城乡结合部”、“城乡交错带”等概念来替代具体的城乡界线。

乡村文化是人们对乡村自然生态环境的社会生态适应。乡村自然生态环境发生变化，乡村文化就会随之发生变化。乡村自然生态环境、用地类型向着城市环境、城市用地类型演变，乡村文化也就向着城市文化转变。所以，从这个方面来看，要保持乡村文化，首先要保护好乡村的自然生态环境。

◆ 乡村旅游生态环境都包括什么？

乡村旅游生态环境是指乡村旅游赖以产生和发展的外部生态环境，包括乡村旅游产生的经济环境、产业背景和旅游大环境三个部分。

（1）经济环境。经济水平决定了旅游业发展的层次。在经济水平较低、人均收入不高的情况下，即便是城市居民也没有出游的能力。缺乏强有力的经济支撑，对旅游发展的硬件设施、软件设施的投入有限，制约了旅游业的快速发展。所以，无论从供给还是需求方面来看，经济环境是乡村旅游生存、发展的基础条件。

（2）产业背景。对旅游者来说，乡村旅游是融田园观光、农事参与、农村生活体验为一体的休闲、生态旅游产品；对经营者来说，乡村旅游是乡村产业结构调整的一个方向，是第三产业与第一产业结合的产物。乡村旅游发展不能脱离农业生产和农村生活，为规避旅游业自身风险，乡村旅游应该嫁接在成熟农业的基础之上，农业背景和农村特色是乡村旅游发展的无穷动力和源泉。

（3）旅游大环境。乡村旅游是旅游活动的一种类型，是旅游者选购旅游产品时的备选项目之一。当旅游成为区域支柱产业、旅游行为成为城乡居民生活方式一部分的时候，旅游时代全面到来。此时，消费旅游产品才能成为人们的习惯消费，同时，乡村旅游的发展也才能赢来广阔而稳定的市场。

◆ 乡村旅游生态环境是怎样划分的？

在地方乡村旅游发展过程中，根据生态环境“尺度”的不同，我们把乡村旅游生态环境划分为宏观生态环境和微观生态环境两个部分。

宏观生态环境是指反映乡村特色的大尺度的景观以及这些景观在乡村地域的整个空间结构和格局。如农村用地结构——水域、农业用地、宅基地、公共用地（道路、水渠）、绿化用地的比例和结构；乡村文化——农耕文化、社会风貌、村庄风貌等。

微观生态环境是指由乡村旅游接待设施卫生状况、建筑材料和风格、旅游设施的形象标识、服务态度等要素形成的具体生态环境。

◆ 乡村旅游生态环境存在哪些问题？

和一般旅游生态环境一样，乡村旅游生态环境应明显高于、优于一般乡村生态环境质量，乡村旅游生态环境在时间和空间上具有较强的变化性。不同的季节，乡村地域出现不同的耕作景观和作物景观；不同的土地类型，分布着溪流、池塘、水田、旱地……

但是，由于广大乡村经济发展水平较低，加之城乡差距较大，大部分地区乡村生态环境，特别是微观生态环境状况不容乐观。乡村旅游生态环境是乡村人工复合系统与旅游系统的叠加，森林生态系统、草地生态系统、池塘生态系统、河流生态系统、农田生态系统、果林生态系统、农村村庄与交通、旅游服务设施系统、游览系统等在空间上相互交叉，人流、物流等在各个系统中交互流动，容易造成新的环境、卫生问题。

目前旅游企业、地方政府更多意识到乡村景区、景点的环境、卫生问题，而对乡村的宏观生态环境，特别是建筑污染、用地结构不当等对生态环境造成的影响还重视不够。

◆ 自然生态环境是怎么回事？

（1）水系。包括景观用水和游览用水两个部分。水是乡村旅游中的点睛要素，清洁、明亮的水体不仅能吸引旅游者的目光，还能引得他们嬉戏其中，而且好的水质也能证明当地良好的生态环境。乡间的小溪、沟渠、坝塘、湖泊都可以作为吸引乡村旅游者的旅游水资源。

（2）大气。是乡村旅游的卖点之一，乡村地域清新的空气蕴藏着泥土的芳香，往往成为旅游者留恋的条件之一。

（3）地貌。地貌景观，可分为观光性质和体验性质两类。大地自然起伏形成的岭谷，不仅让视觉形象相互映衬，而且也为登山、采蘑菇、采野果等活动提供了场地。

（4）土壤。不同的土壤类型也能成为吸引乡村游客的视线，如云南东川红土地就以其广袤的砖红壤成为了摄影爱好者的天堂。

（5）生物。生物可用于观赏，也可用于体验。如采摘体验、品尝体验等等。另外，利用各种乡土植物、动物展开生态教育、科普教育又是近年来日本及我国台湾地区的新兴旅游活动。

◆ 人文生态环境都包含些什么？

（1）建筑。既可观其形，又可用其体，具有全面体验乡村文化的功效。

（2）村庄。是旅游者了解乡土文化的实物形式，而且能够在视觉上形成对乡村游客的冲击。

（3）服饰。包括观赏性和实用性两种。前者往往陈列于乡村博物馆内，后者常见于当地人的穿着和旅游商品定点购物店，由于其较强的实用性和地方特色，往往成为销路较好的旅游商品。

（4）语言。语言是文化得以延续的关键，是乡村气息体现的亮点。少数民族的语言，特别是美好的祝词，往往是乡村旅游者学习的“热点”。经营者、服务人员较浓的乡音，既是区别于城市的符号，又是乡村特色的体现。

（5）精神风貌、社会治安、卫生状况。这些是吸引、留住游客的重要因素，也是旅游活动得以顺利开展的基础。

（6）当地居民对游客的态度。当地居民是活的旅游资源，他们的精神状态和好客程度，决定着游客的旅游体验。在乡村旅游区，当地居民可以划分为“直接从事旅游人员”、“间接从事旅游人员”和“不从事旅游人员”三个类型，三类人在乡村旅游发展中所起到的作用各不相同，但每一类人都与乡村旅游的发展息息相关。

◆ 怎样营造乡村旅游的生态环境？

乡村旅游生态环境是一个自然—文化—经济复合系统，它由乡村旅游的宏观生态环境和微观生态环境两个部分构成。各个部分在旅游发展进程中都将起到举足轻重的作用，因此，我们不仅要营造乡村旅游的宏观生态环境，还要塑造乡村旅游的微观生态环境。同时还应该积极配合区域旅游主管部门，维护好安定团结、蒸蒸日上的旅游大环境。

◆ 为什么进行生态环境保护？

乡村生态环境是乡村旅游发展的基础。当前，由于经济快速发展、乡村城镇化进程的加快、乡村旅游发展等因素的影响，我国乡村生态环境质量持续下降。许多乡村地区饮水安全得不到保障，村庄生活污水、垃圾污染严重，畜禽养殖污染呈现加剧趋势，农用化学品不合理使用等，导致水体、大气、土壤污染问题突出，而依靠化肥、农药带来高产的城郊农业同时也带来大量的残留物质恶化土壤。这些有害物质通过食物链进入人体，经过“生物放大”作用，在人体内积聚，导致人体患病。这些已对农民群众的生产、生活和居住环境产生了严重影响。

从保护乡村生态环境的角度，发展乡村旅游的地域应重点发展林果花卉等生态农业，植树种草，减少水土流失，在农事耕作过程中，减少化肥、农药的施用量，增施有机肥料，避免对土壤造成新的污染，大力发展安全、健康、无公害的绿色食品。在一些乡村旅游地，由于旅游者的需求，很多农户自觉减少或不用化肥、农药，由于较好的蔬菜品质，产品不用出村就能全部销售。

◆ 为什么要保护动植物？

乡村旅游区往往分布有大面积的森林生态系统，它们是城市近郊野生动物的栖息地和迁徙动物的“停靠站”，它们也是乡村旅游活动开展的主要依托地。因此，在旅游活动的开发和组织过程中，应本着减少对野生动物干扰的原则，尽量保证他们生活环境的“原生性”。活的动物吸引游客得到的收益远远大于杀死这些动物的收益，即通过“活的动物比死的动物更有价值”这一理念来引导乡村居民对动植物资源利用方式的转变，从而增强乡村居民的动植物保护意识。

在乡村旅游区域，可以采取封山育林、退耕还林还草等相应动植物保护措施，保护乡村那深深浅浅的绿和与绿色相伴的绿色文化，使森林及其孕育的文化同时成为丰富乡村旅游生活的元素。

◆ 为什么要进行文化保护？

乡村文化是乡村旅游的灵魂。目前的乡村旅游主要是以“农家乐”的方式存在，旅游活动内容以吃农家饭、钓鱼和打牌为主，与本地域文化结合较少。各地方可以依托所处地域的自然、人文等方面的优势，根据自身条件和当地风俗文化传统，因地制宜，走文化发展之路。要深入挖掘优秀的民族民俗文化，不断提升乡村文化的魅力和旅游吸引力，推进乡村传统文化的产品化，变文化优势和资源优势为经济优势。同时，注重对乡村传统文化的保护，在实践中摸索继承和发扬乡村优秀传统文化的新路子，使乡村旅游成为弘扬优秀乡村传统文化的重要渠道，从而提升乡村旅游的文化品位。

同时，乡村文化是人们对乡村自然环境的社会生态适应。当乡村自然环境发生变化时，乡村文化就会随之发生变化。乡村自然环境、用地类型向着城市环境、城市用地类型演变，《乡村环境保护条例》、《农业清洁生产条例》、《土壤污染防治法》等，依法加强对乡村环境的监督管理：加大政府投入，建立稳定的资金来源渠道。明确解决环境问题的资金渠道和部门责任，使乡村环境管理体系向着城市转变。所以，从这个方面来看，要保持乡村文化，首先要保护好乡村的自然环境。

◆ 乡村旅游对生态环境有哪些有利影响?

（1）优美、协调的自然生态环境是乡村旅游发展的基础。“脏、乱、差”不是乡村生态环境对游客的吸引力。在乡村旅游的策划中，我们常常用“土得掉渣”来形容产品的乡村性，但这个“渣”并不是垃圾、污水和满天飞舞的苍蝇。乡村旅游地一般都是在乡村生态环境优越、农业产业发达的地区发展起来的。如四川郫县友爱乡乡村旅游是在发展园艺、盆栽、林果的基础上嫁接乡村旅游；云南宣威市靖外镇下村的农家乐旅游是在林业厅生态示范村基础上嫁接乡村旅游；云南团结乡大河镇、乐居等地的农家乐旅游也是在生态环境恢复工程实施的过程中嫁接的乡村旅游。

（2）乡村旅游有利于乡村自然生态环境向着乡土化、特色化的方向发展。通过乡村旅游活动的开展，当地社区和当地居民获得经济上的收益，掌握了“扩大再生产”的资本（包括资金和经验）。通过集体旅游项目创收、农家乐项目税费等渠道集资，乡村旅游宏观生态环境的营造能够获得经费的支持。同时，经营者在规划人员和政府管理人员的帮助下，不断积累经验，认识到乡土化、特色化才是乡村旅游对城镇居民形成长久吸引力的关键，将引导他们走上特色化的开发道路。

◆ 大量游客的到来会给乡村自然环境带来哪些不良影响?

大量游客的到来，会造成对大气、水、土壤、生物等的影响。乡村社区一般不具备完善的排水系统和污水处理设施，大量旅游人口拥入农村，生活污水得不到充分的净化，增加了河渠的负荷，容易造成对地表水体的污染，进而对农田土壤、农作物造成污染。

（1）乡村旅游者一般借助私人交通工具前往旅游地，交通沿线在黄金周、周末等高峰期会造成空气质量超标的现象。而一些乡村旅游公路两侧对绿化树种的选择欠缺考虑，农田直接在沿线两侧耕种，容易造成对农作物的污染。

（2）随着游客进入乡村，每人每天排放 1.5 千克粪尿，将有大量的代谢终产物进入乡村地域，乡村地域是否具备对这些代谢终产物的分解和吸纳能力需要质疑。

◆ 不负责任的旅游行为会带来哪些不良影响？

不负责任的旅游行为，会带来大量的不可降解的物质进入农村地域。由于乡村旅游消费门槛较低，乡村旅游还没有真正作为一种旅游产品进入游客心中，乡村旅游缺乏风景名胜区的管理机制和管理队伍，游客主观意识和旅游区客观约束的放松容易造成旅游垃圾对生态环境的污染。从游客随手扔弃的塑料瓶、塑料袋，到乡村露营者开挖的“行军灶”、燃烧废物等都对生态环境造成了影响。

从经营者的角度来看，由于缺乏相关法规、条款的制约，很多经营者不负责任的堆放、倾倒，以及一些考虑不周全的垃圾填埋措施也造成了对生态环境的污染。

◆ 与地方特色不符的建设会带来哪些不良影响？

不符合地方特色的设计和建设，往往造成与自然景观的不协调，甚至破坏乡村整体形象。对于以旅游收入作为重要经济来源的乡村，乡村性是吸引游客的永久动力，因此不论经济条件如何改善，都不主张建盖非本地风格、非本地取材的建筑。

当然，主人用房内部装饰、家具搭配可以紧跟城市生活；对于旅游收入较少或不开展旅游活动的乡村，经济上得到实现后，我们也不主张非本地取向的建设。因为，当代人留下的将是后代人的财富，自然旅游资源我们不能创造，但我们能为子孙后代留下更多的人文旅游资源。

◆ 乡村旅游对乡村的人文环境有哪些促进作用？

（1）安定团结、淳朴厚道是吸引旅游者前往乡村旅游的人文氛围。旅游业是风险较大的产业，经不起政治、灾害等事件的折腾。乡村旅游的发展也一样，首先需要安定团结的乡村局面。政府执政有方，人民生活富裕，才能营造安定团结的局面。其次，到农村去旅游，就是希望避开城市的拥挤和喧哗，体验农村淳朴厚道的民风，体验历史的沧桑和凝重。

（2）旅游的发展有利于乡村传统文化的挖掘与保护。在农村，由于生产率较低和市场销路不畅的问题，一些手工产品被工业产品所取代。通过乡村旅游的发展，使这些已经被淘汰的民族手工艺得以继承和延续，如傈僳织布、傈僳竹器、黑井梨醋等。在乡村旅游的发展过程中，一些新的文化元素被创造出来，又丰富了乡村民族文化。今天的新产物，将会成为我们留给子孙后代的珍贵的遗产。

（3）乡村旅游的发展有利于农村选择城镇化的方式。摊大饼式的城镇化进程吞噬了绿地、良田，把丰富多彩的世界变成单调的钢筋水泥森林。城镇化不能只以建城区面积的扩大为唯一指标，更应该以生活水平、文化水平等生活质量要素作为标准。从这一点看，乡村旅游有利于乡村居民选择内涵式的城镇化过程。

◆ 旅游会给乡村人文环境带来哪些不良影响？

（1）外来的主流文化容易形成对本土文化的冲击，引发本土文化的瓦解。文化趋同是国际化发展的误区，但却是一个较难纠正的误区。在全球化、一体化快速发展的时代，很多文化元素还没有来得及鉴别，就已经被遗弃。

世界文化的多样性正在丧失。相对生物多样性的保护而言，文化多样性的保护也应该得到同样关注。从这个意义上说，乡村旅游活动的开展，有利于乡村文化的挖掘、传承和保护。但没有规划、缺乏指导的乡村旅游开发往往容易造成对乡土文化的致命打击。

（2）功利性的旅游发展观，往往容易造成对地方文化的扭曲，造成伪民俗化。为迎合旅游者求新、求异的心理，旅游策划者往往把乡间风俗、乡间民情表演化和快餐化，容易引起游客对当地文化的误解。当然其中不乏转化得较好的乡村文化，如篝火晚会、核桃园的歌舞晚会等。

（3）伴随旅游业而来的服务行业，会改变乡村朴实的伦理观和道德观。旅游业具有较长的前后向产业链，因此，旅游业的发展能全面带动区域经济的发展。但在经济发展的同时，一些黄、赌、毒的东西也会随着商业利益和人口的流动进入乡村地区，对乡村淳朴的民俗和道德伦理造成冲击。

（4）旅游利益的分配不公，是乡村新的不稳定因素。乡村旅游生态环境营造是乡村社区全体人民的责任和义务，但乡村旅游的收入却只进入了部分农户或部分地进入了农户的口袋。随着乡村旅游的进一步发展，会拉大乡村居民间的贫富差距，容易形成农村新的不稳定因素。

◆ 乡村旅游区生态环境现状如何？

随着我国新农村建设的进一步发展，乡村的生态环境、人居环境较以往有了更大的改观。例如：浙江省以“生态省建设”为目标，推进“千村示范、万村整治”工程，重视乡村环境保护基础性工作。淳安县千岛湖地区是著名的旅游风景区，更是浙江省重要的饮用水源保护区，在保水、护水前提下，合理发展“生态渔业”。

被誉为“农家乐”发祥地的成都通过城乡统筹，逐步摆脱了传统城乡结合处“脏、乱、差”的面貌，通过利用城、郊两地资源优势，因地制宜进行产业结构调整和公共基础设施建设。成都市锦江区，充分利用区位和资源优势，打造了“花乡农居”、“幸福梅林”、“江家菜地”、“东篱菊园”、“荷塘月色”等“五朵金花”，发展以独特川派花艺为特色的乡村旅游业，不仅增加了农民的收入，更是使乡村生态环境走上了可持续发展轨道。

◆ 当前乡村旅游的固体废弃物污染问题有哪些？

固体废弃物污染主要是指生活垃圾。生活垃圾处理一直是困扰各个乡村旅游区的棘手问题。一方面是大量游客进住乡村消费产生的垃圾，包括各类塑料制品及包装物（塑料袋、饮料瓶、快餐饭盒等），还有炉渣、煤灰、废纸、口香糖等。另一方面是旅游区内的饭店、旅馆产生的垃圾，包括剩茶剩饭、瓜果皮核、菜根菜叶、人畜禽粪便、动物尸体等。这类垃圾不集中及时处理必定会招致蚊蝇、滋生细菌、传播疾病、污染环境，直接影响旅游区的生态环境指数。

◆ 水体污染问题有哪些？

发展旅游的乡村地区一般都有较好的自然环境，区域内或周边拥有河道湖泊等水域，旅游设施又多集中在这些水域附近，游客的生活污水在没有处理设备的情况下会直接排入河道，产生的生活垃圾堆积在河岸边，导致水体污染日益严重，有的已成了臭水沟，严重影响沿岸居民生活环境。

◆ 噪声污染问题有哪些？

乡村旅游吸引了众多城市旅游者，机动车船的马达声、游客们的嘈杂声，以及娱乐场所的噪声、居住场所各种设备运转发出的噪声打破了原本宁静的乡村，不仅影响了村民的正常生活，更影响到动植物的健康生长。

◆ 土壤破坏问题有哪些？

当游客纷至沓来欣赏乡村自然美景的时候，对土壤的扰动是巨大的，甚至是致命的。尤其在节假日旅游高峰期，超载拥挤的人群，对土壤和植被不断重复的踩压，出现土壤板结，植物无法生存。一些作为发展乡村旅游资本的天然草场因游乐项目不合理和游人无节制地践踏，正在迅速沙化，将成为不毛之地。

◆ 乡村旅游区中生态环境保护对策有哪些？

（1）加大环保宣传，提高环保意识。广大游客和当地农民既是乡村生态环境保护工作的主力军，更是最大的受益者。加强指导、培训、宣传教育，充分利用各种媒体，开展多层次、多形式的舆论宣传和科普宣传，积极引导游人、农民从自身做起，自觉培养环境忧患意识、增强环保理念，参加环保实践，这是乡村旅游中生态环境保护工作开展的基础。

（2）制定乡村旅游规划，进行环境影响评价和环境监测。制定合理的乡村旅游开发规划，开发前期的生态环境影响评价，以及开发、经营过程中的环境监测，不仅是预防资源和环境遭到破坏，更是旅游开发取得成功的重要保障措施。因此，在编制旅游区总体规划时，必须对旅游区的地质环境、生物种群和涉及到环境质量的各类因素进行认真的调查分析，旅游区的有关建设必须遵循适度、有序、分层次开发的原则，禁止任何形式损坏生态环境的开发行为。对每个开发项目都必须进行环境影响评价。环境影响评价的重点主要是乡村旅游对自然风景区资源和生态环境的影响评价、生态环境承载力和旅游容量的评价、生态保护和恢复的技术方案。

十一、乡村旅游的可持续发展

◆ 可持续发展是怎么回事？

可持续发展的思想起源于生态环境领域，人们起初是从生态的可持续性来定义可持续发展的，强调维护和强化生态系统的生产和更新能力。目前国际上普遍认可的定义是“既满足当代人的需要，又不损害后代人满足其需要能力的发展”。

◆ 可持续发展对我们有哪些要求？

可持续发展要求实现长期稳定的经济增长，同时要考虑环境和资源的承受能力，人与自然之间的关系需要协调，再者就是追求资源利用与开发在同代人之间乃至代际之间的公平，不能以牺牲后代人的利益为代价，盲目追求当今世界的发展与消费。可持续发展理论要求生态稳定和有控制的经济增长以及保持社会公平。可以说，生态可持续性、经济可持续性和社会可持续性是可持续发展的三大基本属性。

◆ 旅游可持续发展是怎么回事？

一是旅游可持续发展在保持和增强未来发展的同时，可以满足目前游客和旅游地居民的需要；二是世界旅游组织给出的定义，它指在维持文化和生态完整性的同时，满足人们对经济、社会和审美的需求，它既能为东道主和游客提供生计，又能保护和增进后代人的利益并为其提供同样的机会。

可持续发展的理念贯彻于乡村旅游的规划和开发经营，对于我国农村社会稳定发展来说具有非常重要的意义。

◆ 乡村旅游可持续发展是怎么回事？

（1）满足需要。首先，发展乡村旅游必须与当地经济有机结合，以其提供的各种机遇作为发展的基础，不断满足乡村旅游开发地的基本发展需要，满足当地居民长期发展经济，提高生活水平和社会发展水平的需要。其次，要为游客提供高质量的旅游经历，满足游客对更高生活质量的渴望，实现自身发展与文化娱乐等高层次的需要。

（2）保护资源与环境。乡村旅游作为一种强有力的发展形式，应有效保护乡村旅游资源与环境，用可持续发展的观念与方法正确处理旅游开发与乡村旅游资源、环境和乡村文化特色的关系。乡村旅游发展必须建立在生态环境的承受能力之上，与乡村经济、文化、社会发展相协调，自觉理智地循序渐进，并保障乡村资源利用的持续性。

（3）公平享受。乡村旅游要满足乡村旅游资源公平享受。一方面，同代人之间应公平受益、公平享有消费机会，不能一部分受益，另一部分来承担旅游带来的负面影响。另一方面，旅游资源和环境应该实现共享，当代人旅游需要的满足不能以旅游区环境的恶化为代价，剥夺后代人的社会发展能力和生活需求。乡村旅游不仅要满足当代人的乡村旅游需求，也要满足未来各代人公平享有乡村旅游资源的权利。

◆ 乡村生态可持续发展是怎么回事？

纯净的环境、良好的生态是乡村旅游的基础，乡村生态的可持续发展要求乡村旅游的发展要与对基本生态过程、生物多样性和生态资源的维护协调一致，对乡村旅游接待容量实施有效控制，增强当地居民和游客保护生态环境的意识。

实现乡村生态可持续发展，首先要保持当地生态环境稳定性，并进一步优化环境。现有一些偏远的乡村地区，那里森林覆盖率高、空气清新、水质纯净、动植物种类繁多、地域特色明显，但环境容量有限，发展乡村旅游要实施有效控制接待容量，旅游活动量必须严格控制在乡村环境承载力的范围之内。其次，增强当地居民和游客保护生态环境的意识。再次，实现乡村旅游资源的可持续利用。

◆ 乡村社会和文化可持续发展是怎么回事?

乡村社会和文化的可持续发展是指乡村旅游的发展要提高人们对其生活的控制能力，这一能力的提高要与人们的文化和价值观相协调，并维护和增强社区的个性。

乡村社会和文化的可持续发展，一方面要求旅游区在开发规划时，要确定其社区社会承载力，并通过必要措施，将由旅游带来的消极社会影响控制在一定程度以内；另一方面，必须借助地方政府的力量，制定保护地方文化和社区特色的法规，并通过有效宣传，使游客充分尊重乡村社区文化和风俗习惯，同时鼓舞当地居民自尊、自爱，使他们相信通过旅游这种方式，可以增强他们对所在社区的社会认同感和对文化的尊重。

◆ 乡村经济可持续发展是怎么回事?

经济效益是乡村旅游的经营者和相关部门经济投入的回报，这是乡村社区发展旅游业的目标之一，也是维系乡村旅游供给的重要因素。也就是说发展乡村旅游要有合适的投资回报，乡村旅游必须带来不低于旅游开发的门槛游客量，以维持当地供给的规模和水平。但是这种旅游规模也并不是越大越好，它还要取决于当地的经济实力，即乡村旅游规模的确定必须与当地区域经济发展水平相匹配。

经济的可持续发展还要求效益的取得应以资源的有效利用和有效管理为前提。根据都市游客对乡村旅游的特定需要，针对乡村特有的旅游资源，开发有特色性、吸引力强的乡村旅游产品，并通过有效管理和合理控制，从而获得最大的经济效益，促进乡村经济的繁荣发展。

◆ 乡村旅游可持续发展的目标是什么?

乡村旅游可持续发展的主要目标是维持当地居民、村庄、旅游者和环境之间的平衡。为了实现这种目标，经营者应该充分认识旅游产生的各种影响，运用旅游承载量管理手段缩小旅游的负面影响，支持经营企业的生存和发展，促进当地居民的就业，尊重乡村环境和文化的地方特色。

◆ 实现乡村旅游可持续发展应该注意什么？

我国乡村旅游可持续发展主要应注意以下原则：

（1）保护原则。乡村旅游作为一种强有力的旅游发展形式，应该通过健全的法律、政策、管理等手段来实现乡村旅游资源的有效保护。

（2）发展原则。保护是为了更好地发展，乡村旅游应与当地经济有机结合在一起，提高当地居民的生活水平，对当地经济和社会的发展起到积极的促进作用。

（3）协调原则。可持续旅游的实质，就是要求旅游与自然、文化和人类生存环境成为一体。乡村旅游发展也应以这种协调为目的，不能破坏这种协调关系。

（4）尊重原则。乡村旅游活动的开展应该基于传统文化族群自觉、内在的意愿。

（5）合作原则。为了保护自然和文化资源，使乡村旅游健康、持续、稳定地发展，所有从事乡村旅游的组织和个人应该团结一致、互相尊重和积极参与。

（6）满足原则。不仅要满足乡村旅游开发地的基本发展需要，还要给旅游者提供一个高质量的旅游经历。

（7）公平原则。发展乡村旅游应该考虑民族、地区之间的社会平等发展，考虑未来各代人的利益和需求，保护好乡村旅游资源和环境，为后代人提供平等发展机会。

（8）真实原则。尽可能地突出农村天然、朴实、绿色、清新的乡土特色，强调天趣、野趣，避免人工化和过度商业化，尽力展现乡村旅游的吸引魅力。

◆ 乡村旅游的可持续发展前提是什么？

乡村旅游的可持续发展前提是保持乡村遗产的地方性和真实性，避免过度的商业开发。乡村旅游赖以存在的最大吸引力是乡村遗产的地方性，而乡村遗产的地方性容易受到乡村旅游活动的负面影响，维护乡村遗产的真实性与商业化旅游开发之间存在一定的矛盾，它需要在乡村利益相关者的共同参与下来妥善解决。

◆ 乡村旅游可持续发展怎样促进传统农业的转变？

传统农业主要依靠土地本身的耕作，生产目标较为单一，属于投入少、产出低的自然经济型农业。通过生态农业旅游等乡村旅游经济的可持续发展，可以促进农业经济效益、环境效益和社会效益的协调发展，增加农业生产的高科技含量，使我国走上“高新 + 高附加值 + 高效益”的现代化农业发展之路。

◆ 旅游的可持续发展对乡村产业结构调整有利吗？

有利。因为这样可以吸纳乡村剩余劳动力，提供就业机会。我国乡村地区目前仍以种植业为主，乡村第三产业的比例较小，产业结构不合理。乡村旅游经济的可持续发展，将使一部分剩余劳动力转移到劳动力密集型的第三产业上，如乡村手工特产品的制作与销售，乡村特色餐饮服务等等，从而有利于乡村产业结构的调整。

◆ 乡村旅游的可持续发展对环境保护有利吗？

有利。为吸引游客，乡村旅游目的地的田园、道路、村落及周边环境需要美化，农舍田园布局要求合理，景观需要有错落有致的乡村意象。绿色植被的增加可改善生态环境。可持续发展的乡村旅游也力求能源、资源的可循环利用，在保护了生态环境的同时，也保护了乡村地区的自然遗产和文化遗产资源。

◆ 乡村旅游的可持续发展怎样促进城乡统筹发展？

乡村旅游经济的可持续发展，带动了信息流、物流、人流、资金流、技术流向乡村地区的集聚，有利于改善乡村地区的投资环境，强化对外开放的力度。利用乡村旅游产业关联作用强的特点，优化区域产业结构，推动城乡经济的协调发展，对城镇化建设有积极促进作用。

◆ 乡村旅游的可持续发展如何缩小城乡差距?

发展乡村旅游经济，通过城乡的交流和沟通，有助于政府加大对乡村的资金投入和政策支持，促进了各种资源、资本和要素向农村、农民和农业倾斜，推动了农村经济社会的全面发展。许多地方基础设施大幅度改善，一批村容整洁、各具特色的旅游村镇应运而生，促进了乡村地区基础设施和居住条件的改善。

发展乡村旅游，也有利于拉动消费，扩大内需，促进城市经济持续健康发展，推动了综合旅游目的地体系的建设。

从村民自身来说，乡村旅游带来的脱贫、增收、致富效应可以提高乡村居民的生活水平。

从游客的角度看，游客在乡村购买服务的同时，会对乡村地区产生信息、文化、科技等多方面的积极影响，信息和技术的传播使城乡之间的联系得到加强，这对于缩小城乡差距和地区差距有重要的意义。

◆ 乡村旅游的可持续发展对新农村建设有什么促进作用?

乡村旅游的可持续发展与新农村建设是互相促进、互为依托、互动发展的关系。发展乡村旅游业是促进社会主义新农村建设的有效途径，其作用和影响主要表现在以下 5 个方面。

（1）促进农业产业化发展。乡村旅游可持续发展能有效地促进农业的产业化经营，带动农副产品和手工艺品加工、交通运输、房地产等相关产业发展。

（2）促进农村生产发展和农民生活富裕。乡村旅游可持续发展使许多农民成为旅游从业者，直接增加了农民收入。农民可以通过打零工、办旅馆、摆小摊、开餐馆、加工纪念品等方式增收，还可以通过参与乡村旅游项目的入股分红增收。

（3）促进农民素质提高和乡风文明。乡村旅游发展把城市的许多新信息、新理念带到农村，对农民素质和乡风民俗具有潜移默化的影响，使学文化、学技术成为村民的自觉行动，许多村民学起了普通话、外语和电脑，全面提升了农民素质。

（4）促进环境保护和可持续发展。发展乡村旅游的农村乡镇，通过开发和保护旅游资源，使农民有了环保意识，促进了当地环境资源、生态资源和文化资源的保护，增强了农村地区的可持续发展能力。

（5）推进农村基层管理民主。乡村旅游具有现代服务业的特点，它的发展为农村引入了现代管理理念。一些地方在基层组织的引导下，农民自主决策、民主决策，促进了农村管理民主，一些农村纷纷成立各种协会，民主管理水平不断提高。

◆ 乡村旅游可持续发展的措施有哪些?

我国乡村旅游可持续发展措施主要有：

（1）解放思想，转变观念，树立生态观念。

（2）政府主导，理顺体制，优化政策环境。

（3）区域协作，重视营销，打造强势品牌。

（4）长远规划，科学策划，挖掘文化内涵。

（5）保持本色，突出特色，增强吸引力度。

（6）社区参与，引导农民，增加农民收益。

（7）完善设施，规范经营，提高服务水平。

（8）强化培训，引进人才，提升从业素质和宣传引导，监督教育，加强游客管理。

◆ 我们应该怎样树立生态观念？

只有树立了良好的生态观，才能使人们对生态环境的保护转化为自觉的行动，从而解决环境保护的根本问题。所以，加强宣传教育，提高全民族的生态环境保护意识，使其形成与现代工业、现代文明和科技社会相适应的新型生态环境伦理观是实现乡村旅游可持续发展的长期保证。发展旅游不只是能促进当地的经济和社会的发展，也能加剧环境的损耗和地方特色的消失。

我国乡村旅游资源既丰富又脆弱，特别是不可再生的自然和历史文化遗产，一旦破坏就很难恢复。例如贵州乡村旅游一些早期开发的村寨，由于开发水平低，缺乏经验和有效的管理，随着游客的涌入而迅速人工化和过度商业化以至失去传统文化的真实与质朴而迅速衰败。所以，保护一定要作为贯穿发展乡村旅游始终的重要内容。

对生态环境的保护，首先，要杜绝对原有景观的开发性破坏。例如，不要轻易拆除有地方特色的古房旧屋，不要将乡村建筑城市化。其次，要采取措施防止环境恶化。在旅游景点外建立污水、垃圾处理点，在季节性较强的观光园区，要防止因游客过多而导致果树采摘过度、草地枯死、土壤板结等现象的发生。对历史文化遗产的保护，则要始终坚持“保护第一合理开发”的原则，形成“保护——开发——保护”的可持续发展机制。

◆ 我们怎样做才能实现乡村旅游的可持续发展？

乡村旅游对乡土民俗文化、乡土地域特征强烈的依附关系决定了乡村旅游的发展，最终离不开当地居民的积极参与，这就需要用淳朴的民风来创造一个对旅游者具有亲和力和吸引力的氛围环境，合理的利益分配来保障乡村旅游持续发展的生命力。现在很多地区的旅游业由于忽视社区因素及当地居民的要求，没有与社区建设起良好的合作伙伴关系，造成旅游环境污染乃至恶化，经济秩序混乱乃至失控，文化传统扭曲乃至丧失等。

所以，为了协调当地居民与乡村旅游发展中的矛盾与不适，调动居民参与的积极性，必须倡导社区参与乡村旅游发展。社区居民参与旅游发展的内容必须渗透到各个层面，从个别参与到群体参与、组织参与，逐步实现社区的全面参与。

（1）居民要参与旅游经济决策和实践、旅游规划和实施、环境保护、社会文化发展规划的制定和方案的实施。

（2）居民的参与不仅仅局限在谋求经济发展的层面，而要更加重视环境保护与社会传统文化的维护与继承的层面。乡村社区的参与要能在规划中反映居民的想法和对旅游的态度，以便规划实施后，减少居民对旅游的反感情绪和冲突，从而实现乡村社区旅游持续发展的主要目标。

◆ “三农”问题严重地区发展旅游有哪些不利因素？

（1）自然条件恶劣。“三农”问题严重地区大多远离城市和经济中心，这种地区交通、通讯条件十分落后，村民常年不出门或很少出门，信息闭塞，旅游者很难“进得去，出得来，散得开”。

（2）农民组织性较低。“三农”问题严重地区经济发展落后，广大农民意识不到教育的重要性，许多孩子辍学在家；农民素质低，认为种田是唯一的生活方式，安于现状，对旅游占用土地、大量游客到来以及物价抬升等现象感到不满和反感，发展旅游难以统一思想。

（3）生态环境质量较差。有些农村缺乏统一规划，村庄零散，生活垃圾没有固定的堆放地点，生活污水随意排放，牲畜也缺乏有效管理，生态环境质量较差，不利于旅游业发展。

（4）经济发展水平落后。近年来，我国农村地区的经济得到了飞速的发展，但一些农村地区仍然是“自给自足”的自然经济，经济发展水平相对落后，而旅游业的“吃、住、行、游、购、娱”等设施均需要强大的经济实力作后盾，二者之间存在着尖锐的矛盾。

（5）农村医疗卫生条件差。目前农村合作医疗在我国尚未完全普及，有些农民生一场大病意味着返贫。同时农村医务水平低，医疗卫生状况令人担忧。这些现状难以满足旅游发展的需要。

（6）社会治安现状不佳。由于农村地区经济发展落后，人们素质普遍较低，社会治安状况令人担忧。赌博、偷盗、抢劫以及地方黑恶势力等屡见不鲜，这极大地干扰了人们的正常生活，也会成为旅游者到来的阻力因素。

◆ 乡村旅游为什么有利于调整农业产业结构？

发展乡村旅游能扩大农产品的交易市场，缩短交易过程，同时，农民对农产品简单加工之后销售给旅游者，又增加了农产品的附加价值。新农村建设的核心就是通过产业、就业结构的调整，改变农村经济增长方式，使农业劳动力向非农产业转移，最终实现“生产发展、生活宽裕、乡风文明、管理民主”的建设目标。

发展乡村旅游，把农业生产过程、农村风情风貌、农民劳动生活作为旅游资源进行加工转化，形成旅游产品并推向市场，有利于发挥农业本身具有的、以前不被重视的观光旅游、文化传承等功能，促进农业结构调整，拓宽农业发展的内涵和外延。

◆ 乡村旅游是怎样缩小城乡差距的？

城乡之间在消费水平、价值观念等方面存在差别，游客会对乡村居民产生一种示范效应。为了吸引游客和获得更多的旅游收入，乡村旅游经营者们不断整治乡村环境、改善生态环境质量，使农村大、小环境得到改善。而同时为满足游客在旅游期间的“吃、住、行、游、购、娱”等要求，各级政府也会加大对旅游基础设施建设投资的力度，乡村也采用集体出资或个人投资的方式改善旅游基础设施状况，这样使得农村的道路、通讯、供电、供水、垃圾处理等旅游基础设施明显改善，城乡差别日趋缩小，达到了城市带动农村的目的。

◆ 乡村旅游为什么能提高农民的就业率和收入？

旅游业本身属于劳动密集型产业，对劳动力的吸纳能力极强，与旅游直接相关的行业有 24 个，间接相关的行业有 124 个。世界旅游组织指出旅游业每增加一个就业人员，就能为社会提供 6 ~ 8 个就业机会。

开展乡村旅游，当地农民可以参与到旅游服务中来，如提供餐饮、住宿、交通、购物等服务，种植、加工、销售地方土特产品、旅游纪念品，可从中直接获得可观的经济收入；还有某些门票、旅游项目收入等；另外游客亲自参与采集瓜果、品尝农产品活动，农产品就地销售，降低了交易成本，间接提升了农民的经济收入。

◆ 发展乡村旅游对农村精神文明建设有利吗？

有利。发展乡村旅游可以吸引城市的人流、信息流和资金流，将城市的经济、信息、人才优势引向农村的资源优势，促进农民封闭保守思想的改变，形成商品及市场意识，提高农民文明程度，加快村容村貌的改变。

农民在乡村旅游服务中学习和掌握先进的经营方式和理念，开阔眼界，提高生活水平，增强保护环境的责任感。同时，乡村旅游还容易激发农民的投资热情，将一般的生活性资产和农业生产资产转化为经营性资产，改变农民的投资理念。

开展乡村旅游能够增加就业，消除贫困，满足城乡居民消费需求，提高人民生活质量，对于改变城乡二元结构、缩小城乡差距、统筹城乡发展、促进城乡居民情感交流和信息传播，构建和谐社会都具有重要的意义。

◆ 如果在旅游开发过程中涉及村民搬迁问题怎么办？

坚持自愿搬迁原则，给予村民合理补偿。发展旅游业应该制定全面系统的规划，充分考虑“三农”利益。特殊情况下景区内原住居民的搬迁，可尝试整村搬迁，建立新农村社区的策略，拆迁时必须建立在双方充分协商、谈判和自愿的基础上，不能使用命令和行政手段。

要妥善地解决土地的经济补偿以及移民未来的出路等具体问题后才能进行搬迁，否则未来的土地、生活赔偿问题会后患无穷。

◆ 旅游开发中当地村民应该怎样参与？

坚持村民参与当地旅游发展，全面提高农民收入。

（1）景区应主动吸引当地居民进行旅游资源规划和资源保护管理等工作，如让居民参与巡逻、监察、看山、护林防火等工作，不但提高当地居民的主人意识，也可增强管理机构的资源保护力量。

（2）要求外来接待工作雇用当地的赋闲劳动力，而且尽量从当地采购消费品，防止旅游服务的经济收益大量外流。

（3）旅游景区应与当地居民联创旅游线路，开发特色旅游产品，如发展观光农业和经济养殖业等，既能把农村劳动力进行转移，同时也能使游客最大限度地在当地进行食宿、采摘、垂钓等消费，游客的花费更多、更直接地留在本地。

◆ 如何提高参与旅游服务的村民素质？

农民问题是“三农”问题的关键，而农民素质问题又是农民问题的关键。当前我国农村劳动力资源丰富，人力资源开发潜力巨大，但农民素质有待提高，人力资源开发成本较大，这就直接影响了我国农业和涉农产业的劳动生产力。因此，必须加强农村的基础教育，特别是农村的成人教育和职业技术教育。

地方政府部门和旅游景区应加强对参与景区旅游服务的居民进行旅游服务的培训和管理，如加强农家旅馆的安全、卫生设施，人性化的食宿、交通服务以及导游人员特色讲解的提升等，使广大居民的服务意识和服务技能等得到全面提高，改善服务质量，树立景区的良好形象，拓宽收益渠道。

◆ 新时期怎样做才能保持自己村原有的特色？

坚持旅游开发与保护相结合的原则。乡村旅游开发要控制人工化、城市化倾向，要增强景区农民和游客的环保意识。乡村自然生态环境、农业资源、农业活动、乡村建筑和乡村风情民俗等是乡村旅游赖以生存和发展的基础。因此，在开发乡村旅游资源的过程中要注意保护生态环境，使乡村景区特有的“农”味、“土”味、“野”味不至于遭到破坏。同时对于民俗风情类旅游资源可以在少数民族聚集和地方文化特征明显的景区，出台民俗户、民俗村标准等，对他们进行持续性的整体培训，保留民俗和农家特征的原始性，防止民族文化的变异和侵蚀。

◆ 新时期我们怎样做才能提高乡村旅游的知名度？

在旅游市场竞争日益激烈的今天，要想本地区的乡村旅游异军突起，必须提高乡村旅游的知名度和美誉度。一是依靠政府财力的强力支持，确保各项宣传促销活动的顺利实施；二是多渠道、多层次的整体促销。如借助景区创 A 和申报世界遗产等为载体，以及举办诸如推介会、研讨会等专题活动，充分利用电视、报刊、互联网等多种传播方式对地区乡村旅游进行大范围、深层次、立体化的宣传，必然会取得巨大的轰动效应。

◆ 新时期我们应该怎样做才能具有竞争优势？

更新旅游产品，强调差异化、特色化战略，有特色才有吸引力和竞争的优势。在世界旅游市场竞争日益激烈的今天，实施产品差异化战略迫在眉睫。因此，乡村旅游的开发必须保持其原汁原味的农家特色，要在保护农村地区风土人情的基础上，紧紧围绕满足城市居民回归自然、返璞归真的主体需求，不断挖掘最具地方特色的旅游产品。如开发游客参与农家生产劳作，现代化观光农业以及农作物采摘等项目。其中多元的民俗就是乡村旅游独具特色的旅游产品，对其进行深层次的挖掘，潜力巨大。

◆ 新时期政府如何引领我们发展乡村旅游？

政府主导旅游开发速度快，投资效益高，发展乡村旅游尤其如此。

（1）政府部门坚持转变观念，扩展思路，对旅游业坚持规划先行、管理跟进、监督有力的办法，发挥主观能动性，为旅游业发展创造有利的条件，如加强旅游基础设施建设和广告宣传等。

（2）政府广泛吸取社会资本进入旅游市场，按照“谁投资、谁开发，谁经营、谁受益”的原则，打破地区、行业和所有制的限制，吸引各类投资主体，以各种形式投资开发旅游资源，共谋地区旅游业发展。

◆ 如何实现乡村旅游的全面可持续发展？

统筹安排，全面规划。我国的乡村旅游项目，大都是在“农家乐”的基础上自发、盲目地发展起来的，许多项目由于缺乏科学的规划和调查，导致旅游项目缺乏特色，资源浪费和环境破坏严重。因此，在乡村旅游开发之前必须对旅游发展的可行性、发展前景等进行充分的调查评价，将其纳入城市区域旅游开发系统，并进行统筹安排、全面规划、合理开发，以打造统一的乡村旅游产品，形成统一的区域旅游线路，构建城乡一体化的区域旅游网络系统，并充分考虑经济、社会和环境等综合效应，推动区域经济、社会、环境的可持续发展。

附　录

附录 1　农村信用社农户小额信用贷款管理暂行办法

◆ 第一章　总　则

第一条　为提高农村信用合作社（以下简称信用社）的信贷服务水平，增加对农户和农业生产的信贷投入，简化贷款手续，更好地发挥信用社支农作用，根据《贷款通则》等有关法规和规定，特制定本办法。

第二条　农户小额信用贷款是信用社以农户的信誉为保证，在核定的额度和期限内发放的小额信用贷款。

第三条　农户小额信用贷款采取“一次核定、随用随贷、余额控制、周转使用”的管理办法。

第四条　农户小额信用贷款使用农户贷款证。贷款证以农户为单位，一户一证，不得出租、出借或转让。

◆ 第二章　借款人及借款用途

第五条　信用社小额信用贷款划款人条件：

（一）社区内的农户或个体经营户，具有完全民事行为能力；

（二）信用观念强、资信状况良好；

（三）从事土地耕作或其他符合国家产业政策的生产经营活动，并有可靠收入；

（四）家庭成员中必须有具有劳动生产或经营管理能力的劳动力。

第六条 农户小额信用贷款用途及安排次序：

（一）种植业、养殖业等农业生产费用贷款；

（二）为农业生产服务的个体私营经济贷款；

（三）农机具贷款；

（四）小型农田水利基本建设贷款。

◆ 第三章 资信评定及信用额度

第七条 信用社成立农户资信评定小组。小组由信用社理事长、主任、信贷人员、部分监事会成员和具有一定威信的社员代表组成。

第八条 农户资信评定、贷款额度确定步骤：

（一）农户向信用社提出贷款申请；

（二）信贷人员调查农户生产资金需求和家庭经济收入情况，掌握借款人的信用条件，并提出初步意见；

（三）由资信评定小组根据信贷人员及所在地社员代表或村民委员会提供的情况，确定贷款额度，核发贷款证。

第九条 农户资信评定分优秀、较好、一般等信用等级。

“优秀”等级的标准是：①三年内在信用社贷款并按时偿还本息，无不良记录；②家庭年人均纯收入在 2000 元以上；③自有资金占生产所需资金的 50% 以上。

“较好”等级的标准是：①有稳定可靠的收入来源，基本不欠贷款；②家庭年人均纯收入在 1000 元以上。

“一般”等级的标准是：①家庭有基本劳动力；②家庭年人均纯收入在 500 元以上。

各地可根据实际情况确定具体评定标准、评定方法。农户小额信用贷款额度依据农户信用等级核定，最高额度由人民银行各中心支行和信用社县（市）联社商定。

◆ 第四章 贷款的发放与管理

第十条 对已核定贷款额度的农户，在期限和额度内农户凭贷款证、户口簿或身份证到信用社办理贷款，或由信用社信贷人员根据农户要求到农户家中直接发放，逐笔填写借据。

第十一条 信用社要以户为单位设立登记台账，并根据变更情况更换台账。

贷款证的记录必须与信用社的台账保持一致。不一致时，以借据为准。

第十二条 对随意改变贷款用途，出租、出借和转让贷款证的农户，应立即取消其小额信用贷款资格。

第十三条 贷款发放后，信贷员要经常深入农户，了解和掌握农户的生产经营情况和贷款使用情况，加强贷后管理。信贷员要对提供给资信评定小组的考察材料真实性负责。

◆ 第五章 贷款期限与利率

第十四条 农户小额信用贷款期限根据生产经营活动的周期确定，原则上不超过一年。因特大自然灾害而造成绝收的，可延期归还。

第十五条 农户小额信用贷款按人民银行公布的贷款基准利率和浮动幅度适当优惠。

第十六条 农户小额信用贷款的结息方式与一般贷款相同。

◆ 第六章 附 则

第十七条 本办法中未尽事宜按《中华人民共和国商业银行法》和《贷款通则》的有关规定执行。

第十八条 本办法由中国人民银行负责解释。各地可结合本地实际，根据本办法制定实施细则，并报上级行备案。

第十九条 本办法自颁布之日起施行。

附录2 旅游安全管理暂行办法实施细则

◆ 第一章 总 则

第一条 为贯彻落实《旅游安全管理暂行办法》，特制定本细则。

◆ 第二章 安全管理

第二条 旅游安全管理工作实行在国家旅游管理部门的统一领导下，各级旅游行政管理部门分级管理的体制。

第三条 各级旅游行政管理部门依法保护旅游者的人身、财物安全。

第四条 国家旅游行政管理部门安全管理工作的职责是：

（一）制定国家旅游安全管理规章，并组织实施；

（二）会同国家有关部门对旅游安全实行综合治理，协调处理旅游安全事故和其他安全问题；

（三）指导、检查和监督各级旅游行政管理部门和旅游企事业单位的旅游安全管理工作；

（四）负责全国旅游安全管理的宣传、教育工作，组织旅游安全管理人员的培训工作；

（五）协调重大旅游安全事故的处理工作；

（六）负责全国旅游安全管理方面的其他有关事项。

第五条 县级以上（含县级）地方旅游行政管理部门的职责是：

（一）贯彻执行国家旅游安全法规；

（二）制定本地区旅游安全管理的规章制度，并组织实施；

（三）协同工商、公安、卫生等有关部门，对新开业的旅游企事业单位的安全管理机构、规章制度及其消防、卫生防疫等安全设施、设备进行检查，参加开业前的验收工作；

（四）协同公安、卫生、园林等有关部门，开展对旅游安全环境的综合治理工作，防止向旅游者敲诈、勒索、围堵等不法行为的发生；

（五）组织和实施对旅游安全管理人员的宣传、教育和培训工作；

（六）参与旅游安全事故的处理工作；

（七）受理本地区涉及旅游安全问题的投诉；

（八）负责本地区旅游安全管理的其他事项。

第六条　旅行社、旅游饭店、旅游汽车和游船公司、旅游购物商店、旅游娱乐场所和其他经营旅游业务的企事业单位是旅游安全管理工作的基层单位，其安全管理工作的职责是：

（一）设立安全管理机构，配备安全管理人员；

（二）建立安全规章制度，并组织实施；

（三）建立安全管理责任制，将安全管理的责任落实到每个部门、每个岗位、每个职工；

（四）接受当地旅游行政管理部门对旅游安全管理工作的行业管理和检查、监督；

（五）把安全教育、职工培训制度化、经常化，培养职工的安全意识，普及安全常识，提高安全技能，对新招聘的职工，必须经过安全培训，合格后才能上岗；

（六）新开业的旅游企事业单位，在开业前必须向当地旅游行政管理部门申请对安全设施设备、安全管理机构、安全规章制度的检查验收，检查验收不合格者，不得开业；

（七）坚持日常的安全检查工作，重点检查安全规章制度的落实情况和安全管理漏洞，及时消除不安全隐患；

（八）对用于接待旅游者的汽车、游船和其他设施，要定期进行维修和保养，使其始终处于良好的安全技术状况，在运营前进行全面的检查，严禁带故障运行；

（九）对旅游者的行李要有完备的交接手续，明确责任，防止损坏或丢失；

（十）在安排旅游团队的游览活动时，要认真考虑可能影响安全的诸项因素，制定周密的行程计划，并注意避免司机处于过度疲劳状态；

（十一）负责为旅游者投保；

（十二）直接参与处理涉及单位的旅游安全事故，包括事故处理、善后处理及赔偿事项等；

（十三）开展登山、汽车、狩猎、探险等特殊旅游项目时，要事先制定周密的安全保护预案和急救措施，重要团队需按规定报有关部门审批。

◆ 第三章 事故处理

第七条 凡涉及旅游者人身、财物安全的事故均为旅游安全事故。

第八条 旅游安全事故分为轻微、一般、重大和特大事故四个等级：

（一）轻微事故是指一次事故造成旅游者轻伤，或经济损失在 1 万元以下者；

（二）一般事故是指一次事故造成旅游者重伤，或经济损失在 1 万至 10 万（含 1 万）元者；

（三）重大事故是指一次事故造成旅游者死亡或旅游者重伤致残，或经济损失在 10 万至 100 万（含 10 万）元者；

（四）特大事故是指一次事故造成旅游者死亡多名，或经济损失在 100 万元以上，或性质特别严重，产生重大影响者。

第九条 事故发生后，现场有关人员应立即向本单位和当地旅游行政管理部门报告。

第十条 地方旅游行政管理部门在接到一般、重大、特大安全事故报告后，要尽快向当地人民政府报告，对重大、特大安全事故，要同时向国家旅游行政管理部门报告。

第十一条 一般、重大、特大安全事故发生后，地方旅游行政管理部门和有关旅游企事业单位要积极配合有关方面，组织对旅游者进行紧急救援，并妥善处理善后事宜。

◆ 第四章 奖励与惩罚

第十二条 对在旅游安全管理工作中有下列先进事迹之一的单位，由各级旅游行政管理部门进行评比考核，给予表扬和奖励；

（一）旅游安全管理制度健全，预防措施落实，安全教育普及，安全宣传和培训工作扎实，在防范旅游安全事故方面成绩突出，一年内未发生一般性事故的；

（二）协助事故发生单位进行紧急救助、避免重大损失，成绩突出的；

（三）在旅游安全其他方面做出突出成绩的。

第十三条　对在旅游安全管理工作中有下列先进事迹之一的个人，由各级旅游行政管理部门进行评比考核，给予表扬和奖励：

（一）热爱旅游安全工作，在防范和杜绝本单位发生安全事故方面成绩突出的；

（二）见义勇为，救助旅游者，或保护旅游者财物安全不受重大损失的；

（三）及时发现事故隐患，避免重大事故发生的；

（四）在旅游安全其他方面做出突出成绩的。

第十四条　对在旅游安全管理工作中有下列情形之一者，由各级旅游行政管理部门检查落实，对当事人或当事单位负责人给予批评或处罚：

（一）严重违反旅游安全法规，发生一般、重大、特大安全事故者；

（二）对可能引发安全事故的隐患，长期不能发现和消除，导致重大、特大安全事故发生者；

（三）旅游安全设施、设备不符合标准和技术要求，长期无人负责，不予整改者；

（四）旅游安全管理工作混乱，造成恶劣影响者。

◆ 第五章　附　则

第十五条　本实施细则由国家旅游局负责解释。

第十六条　本实施细则自 1994 年 3 月 1 日起施行。

附录 3　湖南省乡村休闲旅游服务星级划分及评定准则

◆ 1. 范围

本标准规定了乡村休闲旅游服务企业星级划分的条件和评定准则。

本标准适用于各种类型和经济形式开业半年以上的乡村休闲旅游服务企业的星级划分和评定，不适用于森林公园、风景名胜。

◆ 2. 规范性引用文件

下列文件中的条款通过本标准的引用而成为本标准的条款。凡是注日期的引用文件，其随后所有的修改单（不包括勘误的内容）或修订版均不适用于本标准，然而，鼓励根据本标准达成协议的各方研究是否可使用这些文件的最新版本。凡是不注日期的引用文件，其最新版本适用于本标准。

GB/T10001.1 标志用公共信息图形符号 第一部分 通用符号

DB43/T 乡村休闲旅游服务企业经营基本条件

◆ 3 术语和定义

DB43/T 确定的以及下列术语和定义适用于本标准：

3.1 星级乡村休闲旅游服务企业

按本标准要求经检查评定获得星级称号的乡村休闲旅游服务企业。

3.2 接待服务员

熟悉乡村休闲旅游服务企业经营业务，负责接待游客并能用标准普通话介绍服务项目及其内容的服务员。

◆ 4 星级划分的条件

4.1 必备条件

4.1.1 星级乡村休闲旅游服务企业应符合 DB43/T 的规定。

4.1.2 星级乡村休闲服务企业区域内及周边环境应具有浓郁的乡村风情和乡土文化气息，且与污染源的最小距离为：一星级 500 米、二星级 1000 米、三星级 1500 米、四星级 2000 米、五星级 3000 米。

4.2 星级划分条件

乡村休闲旅游服务企业星级按交通及经营服务场地、接待能力、餐饮及设施、客房及设施、游乐服务项目及设施、服务质量等方面划分为五个等级，档次从低到高依次为一星级、二星级、三星级、四星级和五星级。

4.3 交通及经营服务场地

4.3.1 交通

乡村旅游休闲服务企业区域应有公路到达，通达三星及以上级的公路应为硬化路面，主要路口应有明显的指示标牌，方便游客进出。

4.3.2 经营服务场地

4.3.2.1 建筑结构良好，布局合理，建筑风格体现乡土文化特色。接待区域的地面进行了硬化处理，方便游客正常活动。

4.3.2.2　区域总面积、绿化面积（含水面）占总面积的比例及停车坪车位的要求见附表 1。

附表 1　区域面积及停车位要求

项　目	星级要求				
	一星级	二星级	三星级	四星级	五星级
区域总面积 m2	≥ 1 000	≥ 2 000	≥ 10 000	≥ 30 000	≥ 80 000
绿化面积占总面积	≥ 70%	≥ 72%	≥ 75%	≥ 77%	≥ 80%
停车坪车位（个）	≥ 20	≥ 40	≥ 60	≥ 80	≥ 100

4.4　接待能力

4.4.1　各星级企业应具备相应的接待能力，可同时接待的最少人数为：一星级 40 人、二星级 60 人、三星级 100 人、四星级 300 人、五星级 500 人。

4.4.2　三星级以上应有旅客接待中心，备有“游客意见征求意见本”，提供物品寄存服务。四星级以上应有供游客查询的服务指南、价目表、精美的宣传册。五星级应备有区位交通图、本地旅游点介绍、各种交通时刻表及本地报刊杂志。

4.5　餐饮及设施

4.5.1　厨房

厨房位置及内部功能分区应合理，其面积、功能分区、设备设施配置见附表 2。

附表 2　厨房要求

项　目	星级要求				
	一星级	二星级	三星级	四星级	五星级
使用面积 m2	＞ 20	＞ 30	＞ 40	＞ 50	＞ 60
装修要求	地面硬化	墙面瓷砖高 1.6 米 地面硬化防滑		墙面全铺瓷砖 地面铺防滑瓷砖	
功能分区	内部功能分区合理 有准备区、加工区		选、洗、切、配菜分区明确 有冷菜间、面点间、洗碗间		
设备设施	有纱门、纱窗、冰箱、消毒柜 抽油烟设备			有防蚊、蝇、鼠“三防”设施，配冷冻、冷藏、洗涤、保洁、抽油烟等设备	

4.5.2　餐厅

餐厅位置合理、采光通风良好，地面硬化防滑并易于清洗，其面积及桌、椅、食具应满足接待能力要求。餐厅配置要求见附表 3。

附表 3　餐厅配置要求

项　目	星级要求				
	一星级	二星级	三星级	四星级	五星级
餐厅配置	大厅或凉棚	大小餐厅或凉棚	大厅及 4 个以上带空调包间	大厅及 6 个以上带空调包间	大厅及 10 个以上带空调包间
菜　单	明码标价菜	明码标价的高、中、低档菜谱，提供特色农家菜			

4.5.3　饮食

饮食宜提供包括活鱼、土鸡、野菜以及不施农药、化肥的鲜美农家菜肴。

4.6　客房及设施

4.6.1　住宿客房通风、照明良好并有应急照明设备，客房卫生、清洁、安全，有防蚊、蝇、鼠、蟑螂等措施。

4.6.2　住宿客房的设施、设备应体现乡土特色，如木屋、竹楼、竹木家具等，其配置及要求见附表 4。

附表 4　客房设施要求

项　目	星级要求				
	一星级	二星级	三星级	四星级	五星级
最少可出租床位数	3	5	15	30	50
装修档次	一般装修		中档装修	特色装修	
客房设施	窗帘、纱门、纱窗、挂衣柜			遮光窗帘、纱门、纱窗、嵌入式挂衣柜	
卫生间	男女分设水冲式公用卫生间和浴室，有换气扇、简易洗涤用品		满足二星级基础上提供一次性洗涤用品和卫生纸		
			3 间以上客房有独立卫生间	10 间以上客房有独立卫生间	20 间以上客房有独立卫生间
洗涤用水和饮用水供应	固定时段热水供应、开水供应		配饮水机或电开水壶、24 小时热水供应		
床上用品	客用床单、被套、枕套等棉织品一客一换				
家具及电器	配桌椅、床必备家具，电视机、电风扇		普通客房满足二星要求基础上加配空调，贵宾客房配电视、空调、电话机		

4.7　室内休闲游乐项目及设施

4.7.1　应开展以下所列的 3 个以上项目，并具备相应的设施，三星级以上活动场所应配有空调。

a）棋牌类：扑克、象棋、围棋、军棋、麻将；

b）文娱类：卡拉 OK、跳舞、观看影视节目；

c）体育类：乒乓球、台球、羽毛球；

d）民俗风情类：观看民俗风情表演、茶艺、对歌、敬酒、参与性节目。

4.7.2 三星及以上级应有会议室和备有电视、公用电话的独立休息室。

4.8 室外休闲游乐项目及设施

4.8.1 应开展以下所列的两个以上项目，并具有相应的设施。

a）游览类：爬山、游自然景观、观花园庭院；

b）休闲类：垂钓、篝火晚会、烧烤；

c）游艺类：秋千及其他游艺活动；

d）体育类：羽毛球、篮球、排球、游泳；

e）水上运动类：游艇、摩托艇等水上项目。

4.8.2 有条件的企业宜开展狩猎，观看动物表演，参加农事体验活动以及带有乡土地方特色和体现民俗民风的文艺表演等游乐项目，并配置相应的设施。

4.9 服务质量

4.9.1 建立、健全岗位责任制和服务质量标准。各岗位提供规范性服务。

4.9.2 服务流程清晰，接待制度健全。

4.9.3 服务员应符合 DB43/T 的规定，三星及以上星级企业应配有接待服务员，且三星级企业不少于 1 名，四星级企业不少于 3 名，五星级企业不少于 5 名。

4.9.4 三星级以上企业服务员应统一着装，宜具有表演当地特色乡土文艺节目的能力。

4.9.5 宜向游客提供价格合理、计量准确的多种绿色农产品。

4.9.6 各星级现场调查的游客满意度应达到：一星级≥ 80%、二星级≥ 85%、三星级≥ 90%、四星级≥ 93%、五星级≥ 95%。

◆ 5. 星级评定

5.1 星级评定方法

5.1.1 星级评定采取分项检查评分后计算总分的方法进行，评定项目分为必备项和星级分档项以及加分项，各项目名称及标准分见附表 5。

附表 5　评定项目及标准分

项　目		五星级标准分（满分
必备项	从业资格及经营管理	10 分
	环境要求	15 分
	旅游安全性	10 分
	卫生要求	15 分
星级分档项	交通及服务场地	21 分
	接待能力	8 分
	餐饮及设施	14 分
	客房及设施	12 分
	游乐服务项目及设施	14 分
	服务质量	26 分
	宣传促销	5 分
加　分　项		10 分

5.1.2　各星级的标准分和应达到最低分标准见表 6。

附表 6　各星级标准分及应得分

项　目		星级标准分及应得分				
		一星	二星	三星	四星	五星
必备项	标准分	40	42	45	48	50
	应得≥	38	40	43	46	48
	其中从业资格应得标准分	10	10	10	10	10
星级分档项	标准分	55	65	76	88	100
	应得≥	44	54	70	82	94
加分项	标准分	10	10	10	10	10
	应得≥			1	3	5
总分	标准分	105	117	131	146	160
	应得≥	82	94	114	131	147
	达到的得分率	78%	80%	87%	90%	92%

5.1.3　星级评定的分项评分标准见附表 8。

5.1.4　星级评定中，对游客满意度调查评价表见附表 9。

5.2　星级评定程序

5.2.1　评定机构

5.2.1.1　星级评定由省级农业、旅游、标准化主管部门联合组建的省级评定委员会负责，其职责如下：

a）制定星级评定工作实施细则，规定各级评定委员会的组建办法、工作职责、评定工作程序等内容；

b）制定星级评定检查员管理办法，规定检查员的培训、资格认证、职责和管理要求；

c）负责组织五星级的评定工作。

5.2.1.2　一星级、二星级由县（市、区）级评定委员会组织评定。

5.2.1.3　三星级、四星级由市（州）级评定委员会组织评定。

5.2.2　评定检查员

评定的现场检查工作由各级评定委员会授权的检查组长负责，取得资格的星级评定检查员实施。

5.2.3　评定程序

星级评定的程序包括：申请、受理、检查、审查评定、批复授牌等流程：

5.2.3.1　申请

申请星级的乡村休闲旅游服务企业应向相应评定权限的评定委员会交申请材料；申请三星级及以上的乡村旅游休闲服务企业应按属地原则逐级递交申请材料。

5.2.3.2　受理

评定委员会接到申请报告后应在 14 天内做出是否受理的答复。对申请三星以上级别的企业，其所在地的评定委员会应提交推荐意见表和初评检查评分表。

5.2.3.3　检查

接到受理申请或推荐材料后，星级评定委员会在 1 个月内派检查组以明查和暗访的方式进行检查，检查组将检查结果报告评定委员会。

5.2.3.4　审查评定

接到检查组的报告后半个月内，星级评定委员会应对报告和所有材料进行审查评定，做出评定结论。

5.2.3.5　批复授牌

审定通过的企业，由评定委员会批复和上报，省级评定委员会授予相应星级的证书和星级标志牌。评定的有关资料应报上一级评定委员会备案。

对未通过评审的企业，由相应的评定委员会下达“评定结果通知书”。

5.3 星级乡村休闲旅游服务企业的管理

5.3.1 星级乡村休闲旅游服务企业每年应按本标准要求进行一次自查，并将自查结果报相应的评定委员会，由其通知检查组进行复核。

5.3.2 年度复核除确认被评对象保持星级的条件外，还应注重其持续改进和发展的状况。

5.3.3 对复核确认达不到本标准相应星级要求，或发生重大事故和游客普遍投诉的乡村休闲旅游服务企业，星级评定委员会根据情节轻重分别给予警告通知书，降低或取消星级的处理，并在相应范围内公布处理结果。

5.3.4 受到处理的企业应认真整改并在规定的期限内将整改情况报告相应的星级评定委员会。

5.4 标牌和证书

5.4.1 星级的标牌和证书由省级评定委员会统一制作，由负责评定的评定委员会发放。

5.4.2 星级的标牌应置于乡村休闲旅游服务企业主厅的最明显位置。

附录 4 湖南省乡村休闲旅游服务星级评定评分标准

◆ 1 评分说明

1.1 乡村休闲旅游服务企业星级评定，评分总分 160 分，其中必备项为 50 分，星级划分为 100 分，加分项 10 分。

1.2 星级评定检查评分依据本评分标准的检查项目和要求，更详细的要求见 DB43/T　和本标准的相关条款。

1.3 分档次计分的小项只选择其中一档计分，不得将各档累加；不分档次的小项，如只达到部分要求可计该小项的半分；各小项计分相加得到大项得分。

◆ 2　乡村休闲旅游服务企业星级评定必备项各项评分标准以及记录表见附表 7。

附表 7　必备项评分标准及记录表

序号	检查项目及要求	标准分			检查评分		检查记录
		大项	小项	分档次	自检	检查组	
1	从业资格及经营管理	10					
1.1	严格按国家法律、法规开展经营、服从当地旅游主管部门管理		2				
1.2	开业各种证照齐全，符合当地总体规划要求		2				
1.3	管理机构与管理制度健全，明确岗位责任制核服务行为规范，建立卫生、安全管理制度，并有效实施之		2				
1.3	设有面向公众的服务质量投诉电话，能及时接听并记录		2				
1.4	游客的质量投诉能及时接听并记录		2				
2	环境要求	15					
2.1	区域内环境		8				
a）	区域内环境良好，具有浓郁的乡土风情和田园风光，绿化面积≥总面积的80%			8			
b）	同上款，绿化面积≥总面积的 77%			7			
c）	生态环境较好，具乡土特色和田园风光，绿化面积≥总面积的 75%			6			
d）	同上款，绿化面积≥总面积的 72%			5			
e）	一般乡村环境，绿化面积≥总面积的70%			4			
2.2	周边环境，周边距污染源最小距离		7				
a）	极具观赏性　3000 米			7			
b）	有良好观赏性　2000 米			5			
c）	有较好观赏性　1500 米			4			
d）	有一定观赏性　1000 米			3			
e）	尚可　500 米			1			
3	旅游安全性	10					

3.1	安全管理责任制和旅游安全教育防范制度健全、落实情况好		2				
3.2	设备设施安全可靠，开业以来无重大旅游安全事故发生		2				
3.3	现场检查无安全隐患，消防设施齐全且位置合理，有应急预案		2				
3.4	距区域 2 千米内有安全医疗救护点		2				
3.5	区域远离地质灾害和其他危险区域可能发生危险处有防护措施和警示标志		2				
4	卫生要求	15					
4.1	区域内无乱堆乱放、乱建现象，墙、地面清洁、室内无异味，设垃圾箱并做到每日清理一次。		4				
4.2	食品卫生和餐饮场所卫生符合国家规定，餐具、饮具、厨具分类存放、消毒及时并达标		3				
4.3	卫生间清洁、无异味，数量满足需求，位置合理		2				
4.4	住宿场所卫生达标，饮用水达标		2				
4.5	有卫生许可证		2				
4.6	从业人员持有卫生部门颁发的健康证明		2				

◆ 3 乡村休闲旅游服务企业星级划分项各项评分标准及记录表见表 2

附表 8 星级划分项评分标准及记录表

序号	检查项目及要求	标准分			检查评分		检查记录
		大项	小项	分档次	自检	检查组	
1	交通及服务场所	21					
1.1	进出交通		3				
a）	有硬化道路，景色优美、明显指示标牌进出方便，距交通站、场车程时差 0.5h 内			3			

b）	有硬化道路和明显指示牌、进出方便，距交通站场车程时间在 1 小时内			2			
c）	有硬化道路和明显指示牌、进出方便			1			
1.2	区域内游道设计合理、富有特色，可达各景观和活动场所		2				
1.3	区域内整洁，无脏、乱、差问题。各分区有规范标志并符合 GB/T1001.1 的要求。		2				
1.4	建筑布局合理，方便旅客正常活动		2				
1.5	具备乡土特色的庭院和景观		2				
1.6	区域总面积		5				
a）	总≥ 80 000 米^2			5			
b）	总≥ 30 000 米^2			4			
c）	总≥ 10 000 米^2			3			
d）	总≥ 20 00 米^2			2			
e）	总≥ 1 000 米^2			1			
1.7	停车场车位		5				
a）	100 以上			5			
b）	80 ～ 99			4			
c）	60 ～ 79			3			
d）	40 ～ 59			2			
e）	20 ～ 39			1			
2	接待能力	8					
2.1	可同时接待人数		5				
a）	可同时接待≥ 500 人			5			
b）	可同时接待≥ 300 人			4			
c）	可同时接待≥ 100 人			3			
d）	可同时接待≥ 60 人			2			
e）	可同时接待≥ 40 人			1			
2.2	游客接待中心及提供的服务		3				
a）	有接待中心，能向游客介绍情况，安排活动，提供交通、旅游点、项目等咨询及寄存服务			3			
b）	有接待中心，能介绍情况，提供服务指南和物品寄存服务			2			
c）	有住宿服务台，提供服务咨询			1			

3	餐饮及设施	14					
3.1	厨房位置及内部功能分区合理		1				
3.2	厨房使用面积及设施		5				
a）	面积≥ 60 米^2 具有全套设备设施			5			
b）	面积≥ 50 米^2 具备较完善的设备设施			4			
c）	面积≥ 40 米^2 具备必要的设备设施			3			
d）	面积≥ 30 米^2 具备必要的设备设施			2			
e）	面积≥ 20 米^2 具备必要的设备设施			1			
3.3	餐厅位置合理，采光通风良好，地面硬化		1				
3.4	餐厅使用面积、接待能力及配套设施		5				
a）	有大餐厅及 10 个以上带空调的包间，提供特色农家菜			5			
b）	有大厅及 6 个以上带空调的包间，提供风味农家菜			4			
c）	有大餐厅和 4 个以上包厢，提供家常农家菜			3			
d）	有大小餐厅、提供家常农家菜			2			
e）	有餐厅，提供家常农家菜			1			
3.5	能提供包括土鸡、鲜鱼、野菜及不施农药、化肥的鲜美农家菜肴		2				
4	客房及设施	12					
4.1	客房通风照明良好，清洁、卫生、安全，有防害虫措施		2				
4.2	住房建筑风格体现乡土特色		2				
4.3	可出租床位数及配套设施		5				
a）	床位数≥ 50，20 间以上有独立卫生间，24 小时热水供应，中高档装修			5			
b）	客房数≥ 30，10 间以上有独立卫生间，24 小时热水供应，中档装修			4			
c）	床位数≥ 15，3 间以上有独立卫生间，一般装修，24 小时热水供应，中档装修			3			

d）	床位数≥5，公用卫生间，固定时段热水供应，一般装修			2			
e）	床位数≥3，公用卫生间，一般装修，固定时段热水供应			1			
4.4	客房配备的设备及用品		3				
a）	配桌、椅、床、挂衣柜、电视机、电风扇、高中档客房加空调、电话、床上用品一客一换			3			
b）	除无电话外与上款相同			2			
c）	配桌、椅、床、挂衣柜、电视机、电风扇、床上用品一客一换			1			
5	游乐服务项目及设施	14					
5.1	有开展游乐活动的固定场所，安装的游乐设施安全、稳固、卫生		1				
5.2	室内游乐项目及配套设施		5				
a）	有棋牌室、休息室和会议室，配有电视机、公用电话，游乐项目≥7项			5			
b）	除无会议室外，同上款，游乐项目≥6项			4			
c）	同上款，游乐项目≥5项			3			
d）	同上款，游乐项目≥4项			2			
e）	同上款，只有3个游乐项目			1			
5.3	开展垂钓、烧烤、农耕项目		2				
5.4	开展农耕体育、水上运动项目		2				
5.5	开展狩猎，观看动物表演项目		2				
5.6	体现乡土特色、民俗、民风的才艺表演		2				
6	旅游经营及服务质量	15					
6.1	为独立核算的旅游经营实体		2				
6.2	有岗位责任制和服务质量标准		2				
6.3	各岗位按服务作业规范要求实施		3				
6.4	服务项目明码标价，建立服务流程、规范要求、接待制度健全、接待环节协调		2				

6.5	服务员培训上岗、统一着装，注重仪容仪表，态度热情、使用礼貌用语，服务周到		2				
6.6	接待服务员要求（业务知识全面、讲解生动、会普通话）		3				
a）	接待服务员不少于5名			3			
b）	不少于3名			2			
c）	不少于1名			1			
6.7	有表演乡土文艺节目能力的人员		2				
6.8	有购物设施，提供无公害农副产品，计量准确、无假冒伪劣产品		2				
6.9	游客满意度现场调查		8				
a）	满意度≥95%			8			
b）	满意度≥93%			6			
c）	满意度≥90%			4			
d）	满意度≥85%			2			
e）	满意度≥80%			1			
7	宣传促销	5					
7.1	有本企业旅游业务事项的宣传小册子或其他制作精美的宣传折页		2				
7.2	在省级以上新闻媒体上做过广告和宣传		1				
7.3	在县级以上新闻媒体上做过广告和宣传		1				
7.4	积极参加旅游部门组织的各种宣传活动		1				
	加分项目	10					
1	有经旅游部门认可的旅游规划		1				
2	距离3A级及以上级旅游区小于1千米或在其内		2				
3	有独具特色的生态环境自然景观		2				
4	能开展独具特色的参与性强并深受游客欢迎的活动项目		2				
5	有独具农家特色的“农家博物馆”参观点		2				
6	获市级以上先进荣誉称号		1				

附录 5　乡村休闲旅游服务企业游客满意度调查评价

1. 游客综合满意度的调查，以评定检查员在“乡村休闲旅游服务企业”的联络员陪同下，在评定现场直接向游客发放、回收和统计规定的《“乡村休闲旅游服务企业”游客意见调查表》（见附表 9）的方式进行。

尊敬的游客：

非常感谢您在珍贵的旅游过程中填好这份意见调查表。您的宝贵意见将作为评定“乡村休闲旅游服务企业”质量等级的重要参考依据。

谢谢您的配合支持，祝您旅游愉快！

乡村休闲旅游服务企业星级评定委员会

Dear guest：

We would be very grateful if you would take a few minutes to complete this questionnaire.

Your comments will be taken as reference for the travel farmyard guality rating.

Thank you for efforts, we hope you enjoy the tourist attraction.

附表 9　乡村休闲旅游服务企业游客意见调查表

调查项目	很满意	满意	一般	不满意
总体印象				
交通便捷				
游路设置				
项目安排				
景观设施				
路标指示				
景观介绍牌				
宣传资料				
讲解服务				
安全保障				
环境卫生				
旅游厕所				
通讯服务				
商品购物				
旅游餐饮				
环境保护				
资源特色				

姓名　　　　　　　　　　国（省、市）名

2. 在星级评定过程中，《“乡村休闲旅游服务企业”游客意见表》发放规模一般为 30 ~ 50 份，采取即时发放、即时回收、最后汇总统计的方法。回收率一般不应低于 80%。

3.《“乡村休闲旅游服务企业”游客意见调查表》的分发，应采取随机发放方式。原则上，发放对象不能少于三个旅游团体，并注意游客的性别、年龄、职业、消费水平等方面的均衡。

4 游客综合满意度的计分方法：

4.1 游客综合满意度总分为 100 分。各项目名称见附表 10。

附表 10 游客满意度评分汇总表

计分项目		初审单位计分	推荐单位计分	评定单位计分
总得分数				
各单项得分数	总体印象			
	交通便捷			
	游路设置			
	项目安排			
	景观设施			
	路标指示			
	景观介绍牌			
	宣传资料			
	讲解服务			
	安全保障			
	环境卫生			
	旅游厕所			
	通讯服务			
	商品购物			
	旅游餐饮			
	环境保护			
	资源特色			

4.2 计分标准：

a）总体印象项为 20 分。很满意为 20 分；满意为 18 分；一般为 14 分；不满意为 0 分。

b）其他 16 项每项为 5 分，总计 80 分。其中，很满意 5 分；满意为 4 分；一般为 3 分；不满意为 0 分。

c）计分办法：先计算出所有《“乡村休闲旅游服务企业”游客意见调查表》各单项分的算术平均值，再对这16项单项分的算术平均值相加，作为本次游客意见评定的综合得分。综合得分折成百分比满意度计入附表8之6.9中。

5. 星级乡村休闲旅游服务企业游客满意度综合得分最低要求为：

五星级：95分　　即满意度95%

四星级：93分　　即满意度93%

三星级：90分　　即满意度90%

二星级：85分　　即满意度85%

一星级：80分　　即满意度80%